企业赢在预见

郭四海　编著

金盾出版社

内容提要

商海变化莫测，企业赢在预见。本书分为八章，深入剖析国内外商界的成败经验教训，从不同的角度、不同的方面，详尽探讨企业主管或决策部门提高预见能力的根本问题，是企业建立完善预见机制和系统的指导书籍，是企业主管、决策部门或从事管理工作的朋友谋划企业走向成功的好帮手。

图书在版编目（CIP）数据

企业赢在预见/郭四海编著 .-- 北京 ：金盾出版社，2012.1
ISBN 978-7-5082-7225-2

Ⅰ.①企… Ⅱ.①郭… Ⅲ.①企业管理 Ⅳ.①F270

中国版本图书馆 CIP 数据核字（2011）第 202840 号

金盾出版社出版、总发行
北京太平路 5 号（地铁万寿路站往南）
邮政编码：100036 电话：68214039 83219215
传真：68276683 网址：www.jdcbs.cn
封面印刷：北京精美彩色印刷有限公司
正文印刷：双峰印刷装订有限公司
装订：双峰印刷装订有限公司
各地新华书店经销

开本：880×1230 1/32 印张：9.5 字数：238 千字
2012 年 1 月第 1 版第 1 次印刷
印数：1～6 000 册 定价：23.00 元

目　录

第七章　预见商机　企业成功的方向 /(241)

第八章　预见执行　企业成功的目的 /(273)

第一章　赢在预见
企业成功的桥梁

预见是企业发展的基础

一个商人或企业管理者必备的能力之一就是预见。人们常说要心存远见，这远见就是对未来的预测和把握，把握得好则财源滚滚，把握得不好则两手空空，甚至还会赔了夫人又折兵。

商海风云千变万化，让人难以捉摸，但万变不离其宗！无论做什么事情，只要对未来的趋势进行预测，再做好应对的准备和辅助方案，必然能不断提高成功的几率。在市场经济条件下，能够准确把握影响市场变化的多种因素，并运用现代科技手段进行分析、判断，才能在复杂多变的市场竞争中多打一些漂亮仗。

在美国进行的 81 家企业调查表明，一个企业的行动有效性与其预测水平的高低有直接的关系。在英国进行的一项同类调查也证明，凡是收集利用外界信息较多的企业，与其他企业相比，其经济效益和经营业绩都普遍要好得多。

预见是对未来环境的判断，它包括可能影响企业发展的全部因素，其中有企业能控制的因素和不能控制的因素，对于企业无法控制的因素，就要去适应。企业预见涉及政治、经济、社会和技术等方面，这些方面直接或间接地对企业产生着影响。

预见带有超前性，是企业经营者审时度势的关键。预见从现实事物出发，同时又超越现实事物的界限，使认识走到事物的前头。它不仅以过去的实践经验为基础，而且还以事物的客观规律为依据，预见事物未来的发展趋势和状况。预见的超前性还表现在它走在实践的前头，预见的结果都是尚未付诸的实践。

因为预见得当而获得成功的企业很多，其中福耀玻璃厂就是这样一家企业。

福耀玻璃厂仅仅用了十多年时间，就从一个默默无闻的小厂，发展成为一家每项决策都会牵动汽车玻璃国际巨头们神经的大型汽车玻璃制造企业。作为福耀玻璃企业的创始人和董事长曹德旺，真是功勋卓著。

曹德旺说："预见到机会往往意味着一半的成功。"他认为，有智慧的企业家，必须具备不同寻常的对市场机会的预测和捕捉能力，通过观察、分析和总结市场现象，预见其中蕴涵的机会，然后通过精心准备与策划，抓住这些机会。由于曹德旺超强的市场预测与捕捉机遇的能力，福耀玻璃得到了迅速的发展壮大：员工数量从原来的500人上升到7600人；工厂由偏居东南的福建福清扩展到北京、上海、重庆、长春、内蒙古等地，并形成了全国性的市场销售网络；年销售额从1989年的4000万元上升到24亿元，盈利从1989年的763万元上升到2004年的5亿元左右。

福耀玻璃企业在发展壮大过程中，有几次大手笔的关键性决策，体现了曹德旺在机遇面前表现出的“猎手”特质。

在福耀玻璃厂生产的双层玻璃年产量达到 30 万片的时候，有一批出口的双层玻璃遭到对方退货，损失 72 万美元。就在业界对双层玻璃的前景看淡的情况下，曹德旺出人意料地决定增加一条年产量为 120 万片的双层玻璃生产线。曹德旺决策的理由之一是，当时生产线的建设成本很低，在行情较好的情况下，双层玻璃生产线的建设成本将增加几倍，并且曹德旺预测，未来双层玻璃的价格有望出现大幅回升。后来的事实证明，曹德旺的嗅觉相当敏锐，这次正确的决策使得福耀玻璃实力大增。

福耀玻璃与法国圣戈班的联姻和分手，更体现了曹德旺的预见能力。在适当的时机与法国圣戈班联姻，又在适当的时机与其“友好”分手，为福耀玻璃的发展起到了很大的推动作用。1996 年，在公司经营良好的情况下，曹德旺主动让出福耀玻璃的部分股权，引进法国圣戈班公司作为股东。在与圣戈班合资的过程中，福耀玻璃从单一的汽车玻璃生产企业，发展成为具有汽车玻璃设计能力的企业，为福耀玻璃的进一步发展赢得了机会。由于圣戈班只把福耀玻璃看做其在中国市场的一颗棋子，而曹德旺却希望福耀玻璃能够在全球范围内拓展市场，双方对福耀玻璃的定位出现了严重的分歧，为了获得更好的发展机会，曹德旺又在 1999 年主动与圣戈班“友好”分手。

在 2001 年，曹德旺决定收购陷入严重经营困境的通辽浮法玻璃厂的决策，不仅引起了证券市场的种种责难，而且在福耀玻璃厂内部也有不少人对此表示怀疑。但收购后的第二年，浮法玻璃市场出现了令所有反对者都感到吃惊的有利局面，通辽浮法玻璃成了福耀玻璃的另一个重要利润来源。

“看看天上飞的云，就应该知道风朝哪个方向吹，就应该知道远方的云什么时候会吹到我们这里来。”曹德旺对企业家必须具备超前的市场机会预测与把握能力，作如此形象地比喻。作为一位出色的市场机遇猎手，曹德旺创出的福耀玻璃品牌，在国际汽车玻璃市场上的声誉越来越高。

机遇常常被那些具有预见能力的人发现和利用。

史蒂夫·凯斯早在20世纪90年代早期，就预见到未来将是一个交互性的、互联网的时代，更难得的是他把这一预见作为美国在线的目标。而且凯斯认为，在今后几十年里，当人们讲述20世纪最后几年发生的事情时，历史学家们将指出：交互性媒体发展是最具影响力的事件之一，它将发展成为全世界亿万民众生活之必需的速度是迅雷不及掩耳的。也正是由于这一预见，凯斯和他的美国在线成为网络时代的潮流领导者。

凯斯深信自己的判断。他认为，只要有设备和技术使这种链接变得简单易操作，而且价钱能够让人承受，一个以双向的、交互式的电子链接来获得信息并与他人保持联系的需求必将成为全世界人们的需要。

凯斯至今仍然坚信，对于一个刚刚拥有一点点潜在消费者群体的企业来说，期望它获得很大的利润是极不明智的。凯斯认为，占据市场是最重要的，赚钱那是以后的事情。这一点很重要：凯斯与其他互联网初创企业领导者的不同之处在于他不追求利润最大化。他清楚地看到，现在还不是赚钱的时候，那些与互联网相关的行业在出现几年之后就会遍布全球，在如今以互联网速度发展的商业世界里，我们应当有自己的时间观念，首先要尽可能地争取到客户。

在正确的预见前提下，无论是美国在线还是他个人的事业都开始突飞猛进。事实证明了凯斯的判断：互联网不再是过去的延伸，也不是新与旧的结合，而是一种焕然一新的生存理念和生活方式。事实也证明了：那些急于赚钱的人没有赚到什么钱，而占据了客户的美国在线却成了潮流引导者，财源滚滚而来。

预见是经营者自信、勇于挑战的基础。预见带有创造性，这种创造性主要指冲破现实的藩篱，把当前尚未形成，而将来可能或者必然形成的因素以观念的形式创造出来，从而提出前人所没有提出的新问题，发现他人所没有发现的新东西。

有了正确的预见，企业才有发展的基础。

专家指点

成功的企业家说："干着今天，看着明天，想着后天"。预见是在时机到来之前，根据已知的企业发展状况和市场运行规律，准确地把握经济、市场和社会发展的趋势以及可能产生的结果，从而掌握决策的主动权，占领并巩固自己在市场上的主导地位。如果没有预见，一切无从谈起。

企业的战略规划离不开预见

一个企业要想从小到大，从弱到强，做成一番轰轰烈烈的事业，战略规划不可缺少。英国通用电气公司的董事长威尔逊说：“我整天没有做几件事，但有一件做不完的事，那就是计划未来。”计划未来就是思考、研究、处理商业竞争中战略性的大问题。据统计，在美国企业中，能够进行长期规划的，1949 年只占 20%，而到了 1970 年就达到 98%。

谈到战略规划，我们首先会想到三国时期的诸葛亮。他没走出茅庐之前，便知道天下必然要分为三权，真是万世无人可比！刘备东征西伐多年，一无建树，只得三顾茅庐请诸葛亮出山相助。诸葛亮精辟地分析了天下之大势，认为曹操占天时，孙权占地利，而自己占人和，应先取荆州为家，后取西川为基业，形成鼎足之势，然后再图中原。这就是三国时最著名的隆中决策。而后来三国的演变进程正如诸葛亮之预见，不得不说，这是极具前瞻性的战略规划。

国之大事需要战略规划，经商办企业同样需要战略规划。

当年，意大利皮鞋业知名商人马利欧·莫雷斯基去世了，意大利米兰市鞋业界的同行们在表示哀悼的同时，心中也有几分隔岸观火的快慰感：莫雷基斯死了，他的儿子强贝贝年仅 20 岁，莫雷斯基创出的名牌皮鞋“摩雷斯”还能不能在意大利皮鞋市场上继续受欢迎，恐怕只能说是个未知数。

没过多久，“摩雷斯”果然销声匿迹了，强贝贝把它们改名为“莫雷斯基”。新牌子问世，要赢得顾客，谈何容易！强贝贝把他父亲的基业都给毁了，意大利的鞋商们不无惋惜。

然而几年之后，“莫雷斯基”不但风靡整个意大利，而且晋身国际名牌行列，强贝贝的公司也由他父亲时代的几百人变成了过万人的大企业，他的产品主要出口国际市场，这些成绩令意大利同行目瞪口呆。

20多岁的强贝贝之所以能够初出茅庐就赢得满堂喝彩，是与他卓越的审时度势的战略规划能力分不开的。在强贝贝所处的时代，各类商品竞争激烈，商品的升级换代十分迅速，强贝贝已经看出其父辈们所奉行的“坚固、耐穿”的经营宗旨已经不适应时代的发展了，于是他大胆地改变了他父亲生前制定的方略，把“莫雷斯基”引向款式新颖的高级皮鞋的发展方向，一下子从“实用”转向了“高档”。他的公司迅速更新设备，创新设计，新潮款式不断推出，国内外的订单也纷至沓来。

一个商战中的高手，绝对不会把自己的主要精力放在处理日常事务上，从而使自己变成一个忙于应付日常事务的“救火队员”，而是把主要精力放在谋划全局、着眼未来，不断提高预见能力，使战略经营理念不断通过市场体现出来。

在瞬息万变的商业竞争中，一个科学的战略规划有赖于对全面系统的信息、对自己的竞争对手以及对自身的优劣进行比较分析，只有这样，才能进入竞争并占据主动地位。

20世纪80年代初，在很多美国大公司还未认识到即将到来的全球性竞争挑战时，杰克·韦尔奇就已经意识到美国大公司再也不能依赖身边这个世界上最大的市场而生存了。因此，他一上任就呼吁其同仁要把通用电气公司的未来“放在全球性竞争环境之中来考虑”。

尽管早在20世纪70年代美国的钢铁、汽车等行业就品尝到了日本、西欧企业竞争的猛烈冲击之苦，但美国大公司的管理者们还在相信，20 世纪 80 年代将只是 60 年代、70 年代的翻版，只要美国经济形势好转，他们的公司就仍然会像以往一样强大。

与众不同的是，杰克·韦尔奇以他那敏锐的直觉和深刻的思维认识到：通用电气公司和其他美国大型公司若想在全球性经济迅速变化的环境中求生存，就必须有新的思维方式和战略眼光。因为在这种环境中，激烈的竞争不仅仅来自国内活跃在高科技领域的竞争者，更来自海外的竞争者。

杰克·韦尔奇认为，经营环境正在迅速改变。全球化不只是目标，而且是必须马上采取行动的事情，因为市场开发已经使得地理上的疆界变得模糊，甚至无关紧要。公司与公司之间的联合，不管是合资、并购或是成立新公司，都将是竞争的产物，而不是像过去那样仅仅是出于调整财务结构的需要。

杰克·韦尔奇立志要将公司变成一个完整的、名副其实的国际性强大企业王国，并以“三个圆圈”产业战略为中心，力图制定并实施跨国界的生产、销售、金融等活动的经营战略，目标是盯在全球范围内的市场上。

西方经济学家认为，公司的国际化发展是一个漫长的过程，这个过程可分为三个阶段，即出口阶段、国外生产阶段、跨国企业阶段。

以这种标准来看，琼斯时代的通用电气公司基本上仍处于“国外生产阶段”。要实现一个成功的全球化战略必须做的事远不止简单地出口产品。一个公司如果始终想进行有意义的全球化尝试，它就必须首先学会在当地市场上竞争并获胜。

1981 年，杰克·韦尔奇成为通用的首席执行官，面对的最严重的一个问题是——通用资本服务公司过去只是在美国进行过资产投资，虽然各项业务或多或少地有全球性销售业务，但是，这些基本上都属于出口业务，相关设施无一例外都在美国。杰克·韦尔奇获得海外生产基地的方式就是收购，从20世纪80年代末起，通用在欧洲投资了近100亿美元，其中一半用于收购。1987年夏，杰克·韦尔奇在半个小时内就与法国最大的电器公司——汤姆逊公司的总裁阿兰·戈梅斯敲定了一笔交易，通用以其电视机事业部交换汤姆逊的一家专营医用成像设备的公司CGR。这桩交易标志着通用进入欧洲市场和其全球化计划的开始。

此后，通用迅速向其他海外市场扩张。

杰克·韦尔奇正是凭借着自己超前的眼光，率领美国工业界一扫20世纪80年代初被日本企业步步紧逼难以招架的颓势，重新夺回了美国制造业的领导地位，他本人更以领导通用20年辉煌发展的不俗业绩赢得了“领导艺术大师”的称号。

预见是一项立足理论，面向未来的活动。成功企业的战略规划就是对未来的美好预期，良好的预见能力是对未来的掌控。科学的战略规划，能让一个企业在竞争中保持主动和领先，把握和赢得未来。

专家指点

企业的战略规划离不开预见，它是必须认真解决的举足轻重的大事。在瞬息万变的市场经济大潮中，有效的管理者总是能够胸怀全局，目光远大，能够从总体利益、长远目标考虑问题，善于保持各个方面的联系，在变动中把握局势发展的大方向，争取战略上的主动和优势。

有效预见是正确决策的前提

在关键时刻，一个正确的决策能使公司起死回生，而一个错误的或不切实际的决策，能使公司濒于破产，甚至倒闭。

在不确定的环境中，我们如何作出决策？在日常生活中，在面临多种选择而不知所措时，经常有人通过“抛硬币”来确定他们的选择。应当承认在某些时候，抛硬币未尝不是一个办法，至少它能使得那些犹豫不决的人为自己的选择找到一个理由，从而获得内心的安宁。但绝大多数时候，从理性的角度来看，“抛硬币”的确不是一个好办法，尤其对于一个企业来说，这种方法绝对能毁掉一个企业。

当今是科学技术迅速发展的年代，也是信息“爆炸”的年代。在瞬息万变的市场大潮中，面对诸多的信息，怎样有效、合理地利用？唯有预测和预见！

一个成功的企业家就能够做到，从繁复的信息中预测出未来市场的走向，并马上将其转化为决策和行动。

香港著名企业家李嘉诚先生就是因为善于预测，才有正确决策，才成就了自己现在的事业的。

20 世纪 50 年代中期，李嘉诚创办了“长江塑胶厂”，生产塑料玩具。结果由于玩具市场饱和，工厂面临倒闭。一次偶然的机会，他翻阅一份报纸，发现一则信息，说的是当地一家小塑料厂将制作塑料花向欧洲销售。李嘉诚眼前一亮，马上想到了二战以来，欧美生活水平虽然有所提高，但在经济上却还没有实力种植草皮和鲜花，因此，在一段时期里塑料花必将被大量使用，成为他们用于各种装饰场合的必需品。有需求就有市场。李嘉诚认为这是一个难得的机会，于是马上决定企业转产生产塑料花。正是靠着这些塑料花，几年后的李嘉诚成了香港大富翁之一。

同样，米店商人林炯灿能在香港建立食米王国，也与他超凡的预测能力相关。林炯灿很早就经营着自己的米店，但由于竞争激烈，效益不是很好。林炯灿日思夜想，要改变这种状况。后来他从渐渐开始流行的小家庭的社会现实中看到了商机。从前都是大家庭，一家七八口人，甚至三代同堂。所以顾客会一次购买好几袋米储存。自从小家庭流行之后，市民已无意一次购买太多食米。可是，食米包装仍沿用传统的大麻袋法，显然这已不适应社会形势的变化。于是他预测到：小包装的大米将会受到顾客的欢迎。想到就做。林炯灿于是先行改良了食米的包装，推出了“小包米”，用胶袋包装，摆放在超市售卖，结果大受欢迎，不久其他米商纷纷仿效。正是通过这一招，使林炯灿的米店取得了在食米行业中不可取代的地位。

精准的预见能为企业的发展决策提供自由的空间，把信息转变成赚钱的机会，而失准的预见则会导致错误的决策，把企业导入歧途。

日本协和发酵会社社长加藤辨三郎因为在一次经营决策中的失误，差点儿使自己一辈子翻不了身。好在加藤从中吸取了教训，在以后的经营决策中注重调查研究和科学分析，重视预见的科学性，才逐步使自己的经营走出低谷，最终反败为胜。

一天，日本啤酒界广为人知的怪杰朝日啤酒株式会社社长山本为三郎对加藤说，用地瓜制造啤酒是个新创举，你有没有兴趣？而且他介绍说，这个构想某大学教授已经研究了多年。这专利权属于一家叫东洋啤酒公司的企业。东洋啤酒公司曾打算把这个创意实行产业化，但不知什么原因而终告失败了。山本为三郎社长进一步说，这项专利不见天日实在可惜，他称自己曾想让朝日啤酒株式会社买下这项专利然后投入生产，但遇到一些股东的反对未能形成决议，所以拖延下来了。为此，他就向加藤推荐并许诺如果加藤真的开发该项目，他的公司将会尽力支持。

听了山本为三郎这位啤酒老行家的介绍，加藤觉得有道理，认为其构想很不错：第一，以地瓜做原料制造啤酒成本低廉；第二，由于制造成本低售价当然也低，为此竞争能力就强；第三，售价低与竞争力强必然销路好，那么效益也会不错。

这三个推论，从理论上似乎站得住脚。加藤认为用地瓜制造啤酒，根据日本酒税的规定，因为没有麦芽含量而税收大减。至于味道问题，加藤觉得日本各家啤酒公司的产品，味道大同小异。而德国生产的啤酒，群雄割据，各种牌子啤酒的味道都有独特之处，它们都畅通无阻。难道日本市场不能出现一种以地瓜为原料制造的具有独特味道的啤酒吗？

加藤经过上述的理论分析，再加上迷信老行家的看法，终于作出了决策。从东洋啤酒公司买下专利权，接着投入生产。为了推出“地瓜啤酒”，加藤第一件事是为产品命名。经过反复思考后决定命名为“拉比”，“拉比”是法语，是“生命之泉”的意思，加藤觉得很好，既有意思又易记。第二件事是全力投入生产。第一年生产了 300 万瓶，第二年生产了近1000万瓶。

经过两年的投资生产后，加藤发现问题严重了。第一，生产成本并不如设想得那么低廉，各方面的成本加起来，每瓶成本为75日元，比预计的每瓶50日元高25日元。第二，由于成本不低，所以售价也没有多大竞争力。当时其他名牌啤酒每瓶售价125日元，如果地瓜啤酒每瓶售价100日元，那么既没有竞争力，也没有多少利润可图。第三，品名“拉比”并不如加藤原先所想像的那般美好。当它在市场出现之后，一些消费者指出“拉比”的语音很像英文的“某种寄生虫”，所以众多顾客对“拉比”避而远之。

加藤从筹划到生产经营地瓜啤酒，最后到损失惨重而停止生产经营，共经历三年多的时间，最后加膝不得不宣告失败了。这一决策导致加藤损失设备投资5亿日元，促销宣传费损失7.8亿日元，再加上其他一些费用，共损失13亿多日元，它使加藤20多年的奋斗积累损失殆尽。

加藤辨三郎在总结自己决策失败的原因时，他说主要有三点：一是对获取的信息没有认真分析甄别、调查研究和去伪存真，这当中亦有迷信权威人士的影响，从而导致了错误的决策。二是在决策前没有进行科学测算，对决策目标的真正成本及竞争能力没有进行定量分析，违背了决策的基本程序。三是对市场的需求没有弄清。用地瓜制造出来的啤酒根本不具有什么独特的味道，顾客说是“酸泡酒”，十分难喝。企业的生存与发展，完全取决于顾客的满意，换句话说，企业如果能够提供满足顾客需求的产品或服务，就可以获得经营的成功了；反之，企业的产品无论成本怎么低，如果顾客不需要，就卖不出去，企业也就无法生存下去。

加藤辨三郎从失败中吸取教训，在其日后的经营决策中注意科学性和程序性，最后使企业又获得了“春风吹又生”的机会，并逐步发展成为日本最大的啤酒公司之一。

决策的正确与否直接影响到企业的发展，因此，一定要慎重、科学、规范地进行决策，一定要在科学预见的基础之上决策。你想作出更准确的决策吗？那就先提高你的预见能力吧！

专家指点

法国未来学家H·儒佛尔说：“没有预测活动，就没有决策的自由。有效预测是英明决策的前提。”一个企业要发展，要提高经济效益，就必须了解国内外经济发展动态，熟悉市场要求和摸清与生产流通有关的各个环节。成功取决于准确无误的决策，那么，就要对影响市场变化的种种因素进行分析、研究、预测。只有这样，才能综观全局，预见未来，作出正确的决策。

走一步看一步等于没有预见

做生意如同下象棋一样，有的人只能看到眼前的一两步，高明的棋手却能看出五六步，比别人看得更远、更准、更从容。

增强预见性的另一个重要方面，就是要改变决策观念，改变走一步看一步的“近视观点”。很多人在新踏入一个行业时，往往采取比较保守的观点，抱着试试看的观念走一步看一步，结果把自己逼到了无路可走的地步。现在社会竞争激烈，没有人给你学习试验的机会，你必须提前预见自己面临的风险和机遇。

提起韩裔日商孙正义的成功，很多人可能会想到：他具备娴熟的市场运作能力和无与伦比的创业激情，还有人会认为是孙正义的“运气好”。

我们只要看看孙正义为自己制定的50年生涯规划就会发现，他不是运气好，也不是走一步看一步，而是他做事有预见、有规划。这个生涯规划的内容是：20多岁时，要向所投身的行业宣布自己的存在；30多岁时，要有1亿美元的种子资金，足够做一件大事情；40多岁时，要选一个非常重要的行业，然后把重点放在这个行业上，并在这个行业中取得第一，同时公司拥有10亿美元以上的资产用于投资，整个公司拥有1000家以上的子公司；50岁时，完成自己的事业，公司营业额超过100亿美元；60岁时，把事业传给下一代，自己回归家庭颐享天年。

当这个只有19岁且手中仅有100多美元的年轻人从自己如神灵预言般的规划中出发开始创业时，“异端”或“疯子”的绰号便始终伴随其左右，而成功或奇迹也往往出现在他的面前。

1981年，孙正义以1000日元注册了Softbank，也就是今天大名鼎鼎的软银公司。公司成立的早晨，他搬了一个装苹果的箱子，站上去对两名雇工发表演讲：“五年内销售规模达到100亿日元。10年内达到500亿日元。要使公司发展成为几兆亿日元，几万人规模的公司。”两个雇员惊奇得张大了嘴，愣了半天才回过神来。不久，他们因为看不到公司的发展远景，先后辞职了。

1981年10月，大阪举行了一个电子产品展销会。孙正义觉得这是一个提高自己公司知名度的好机会，于是他拿出800万日元（公司资本的80%），租下了展销会场最大的距入口最近的展厅，然后通知各大软件公司，请他们来软银的展厅免费参展。此举吸引了十几家软件公司，一下就打响了软银的知名度。

最能体现孙正义具有洞彻时空的锐利眼光的一次是，1996年3月，他先后把3.6亿美元投给了一家还没有一分钱利润的互联网公司。几乎所有的人都认为他疯了，但没用几个月，事实就让人们转而佩服他了。这家互联网公司于1996年在纳斯达克挂牌上市，其股价迅速高涨，孙正义卖了手中股票的一小部分就换回了4.5亿美元。这家上市公司就是著名的门户网站雅虎。

这时，一些以前说他是疯子的人开始不无妒忌地说他运气真好。言下之意是，如果说话人的运气能和孙正义一样好，没准儿也能捞上几百亿美元。其实不然。孙正义具有对信息时代特征远见卓识的洞察力，才能比别人抢先一步进入回报率最高的信息增值服务领域。实际上，孙正义的这种“先见之明”是建立在他长期对产业的敏锐观察、深入了解基础上的。而其独到眼光和做事情的计划性帮助其实现了对互联网产业未来趋势的准确判断——每一次互联网高潮来临的时候，他都能够成为引领潮流者。

很多时候，人们因为没有先见之明而看不到前进的方向，往往只能随波逐流，走一步看一步，这样只能是落后于他人，在遗憾之余，我们应该仔细想想，这背后的深刻原因到底是什么。

在制定企业发展决策时，由于决策者缺乏长远的战略眼光，思虑不周全或不以大局为重心和出发点，在问题面前采取“投石问路”的方法，走一步看一步，甚至采取短期局部发展策略，在别人已经踏上阳关道时，自己却不知不觉地上了独木桥，无疑堵塞了企业生存和发展的道路，这是导致失败的关键之所在。

面对陌生的发展空间，决策者在谨慎之余需要深思熟虑和详尽有效地进行市场调查、客观估计和预测。在决策时，决策者一定要统筹兼顾、全盘思考，既要考虑到企业自身的实际情况，又要考虑到企业与市场各个部分、各个系统、各个环节之间的联系，并对未知的事件尽可能地进行充分的预估。同时，如果决策者对市场前景情况不能充分把握，最好制定几套方案，从中选出最符合市场实际的方案，把不利因素压到最低限度。

在现实中，如果抱着“车到山前必有路”、“船到桥前自然直”或者“柳暗花明又一村”的心态进行决策，那么，这样的决策好比是沙滩上堆起的楼阁，最终必然“雪崩式”地倒塌。

身处井底的青蛙，看到的天空只有井口那么大；而翱翔于云霄的雄鹰，其视野足以俯瞰整个大地。从战略上看，如果一个企业的管理者胸无大志，目光短浅，那么，他在经营的过程中就会自觉不自觉地把目标看成是“捞一把，是一把”，不可能获得长远发展。为什么有的企业“活不好、长不大、命不长”呢？原因就在于此。

要想选择正确的道路，就要有远见卓识，只要看看天上飞的云，就知道风往哪边吹。在企业界，往往是看多远走多远，而不是走多远看多远。

专家指点

每个人都知道打仗不能做试验，不能打无准备之仗。因为人不能死而复生，一仗打败，死伤众多，甚至造成国家灭亡。企业经营如同打仗。一旦作出决策，必将全力以赴并投入大量的人力、物力和资金。如果由于决策失误而造成经营失败，那么，很可能将多年拼打出来的基业全盘皆输，不知何时才能东山再起！

企业的成功在于准确的预见

企业如何才能立足于市场，关键取决于企业家是否能以其决策的超前性给企业带来生机与后劲。而决策的超前性还必须是企业家在时刻把握市场脉搏的基础上实行的，只有常常对市场“切脉”，才能作出超前的决策。

纵观经济市场，竞争日趋激烈。一个成功的企业家要制胜于市场，最重要的是什么呢？是人才、资金、装备？还是信誉、信息、机遇？这些都是企业家成功的必备要素，然而，若干成功的和失败的先例告诉我们，制胜于市场的先决条件乃是企业家的“超前意识”。识在人先，方能走在人前；运筹于帷幄之中，方可决胜于千里之外。只有那些观察细微、远见卓识的企业家，才能在扑朔迷离的市场中把握成功的关键因素，在纷繁复杂的思绪中找准制胜的契机。

企业的发展来源于企业家对未来市场的准确地把握。世界银行行长伍兹的成功之路，必将给我们带来启发、指导和帮助。

1934 年，伍兹创立了第一家波士顿公司，它是一家经营投资银行业务的金融公司。从那时开始，伍兹就善于抓住时机，表现出了超人的预见能力。20 世纪 40 年代初，电子管收音机刚刚起步，伍兹就瞄准了这一领域，并致力于大量投资，赢得了巨额利润。后来，家用电器刚露端倪，伍兹觉得发财的机会又来了。于是，他投资于几家大型家电制造商，不出几年，他又赚取了大量的财富。

20 世纪 50 年代，美国出现了超级市场。伍兹认为，现代人们生活节奏加快，超级市场内商品齐全，方便快捷，一定前途无量。他看准时机进行投资，结果，他又发了大财。

一个人的眼光决定了他战略决策的准确与否。企业家要学会用宏观的眼光和冷静的心态去把握，培养思考的习惯，训练自己摸索规律的能力，久而久之，就能练就一副洞察现象、看到本质的火眼金睛。

比尔·盖茨指出，微软公司今天的成功完全是由于着眼于未来的政策所决定的。而着眼于未来不仅是微软过去发展的策略，而且也将成为微软公司未来发展的基本战略。面对风云变幻、群雄纷争的软件行业，比尔·盖茨不敢有丝毫疏忽大意，总是密切注视着市场的变化，以便能够更准确地预测未来。

为了使自己能够更好地把握消费潮流，微软公司还特地聘请了两位电脑少年做业务顾问，向他们请教互联网时代的经营之道。当时，年仅 17 岁的小伙子富尔迪克和 19 岁的科列罗，在微软总部工作期间不仅拿全薪，而且同时获得相应的学分。微软表示，未来的发展将寄托在与电脑和互联网形影不离的年轻一代人身上，故此该公司破例雇用富尔迪克和科列罗这两位少年作为顾问；公司需要这样的年轻人来告诉那些步入中年的经理级人员，如何让微软在他们这一代人的世界里继续兴旺发达；微软也希望透过这些将网络科技与日常生活及工作结合起来的新人类，抓住时代脉搏。

为了探讨未来消费者的要求，捷足先登进入潜在市场，比尔·盖茨敏锐地感觉到，孩子们的想像和愿望在一定程度上将会引导计算机软件技术的发展方向。他坚信儿童就是未来，而微软的生产目标就是为这些未来的客户们服务的。为此，他别出心裁地设计了一项活动，举办儿童征文比赛。

参赛的对象限制在 9 至 12 岁的儿童，要求很简单，“描述你心目中最有魅力的电脑”。为刺激孩子们参赛，微软公司许诺：凡是文章写得好的孩子，都可以获得一份丰厚的奖品，并将被邀请到微软总部参观，和比尔·盖茨见面并合影留念。

这其实远远不只是一次简单的公益活动，背后实际上包含了远大的战略目标：这些现在年龄尚小的儿童，在几年以后将可能成为电脑市场上最大的用户，他们对电脑的看法在一定程度上预示着电脑业的发展方向，了解他们的想法有助于微软发展战略的制定，进而使微软开发的产品具有超前的意义。微软这一举动背后的深谋远虑正是微软称霸业界的最大秘密，比尔·盖茨把公司发展的目光放在了努力打造微软的“明日帝国”。

于是，到了 1985 年初，在西雅图雷德蒙的微软总部，一群 10

岁左右的男女小孩，兴高采烈地坐在一间会议室里。他们每人头上都戴着一顶印有微软公司标志的彩色太阳帽，手里拿着一个印制精美的包装盒，里面装着微软公司送给他们的礼物，一台笔记本式个人电脑；他们正在等着晋见他们心目中的英雄——比尔·盖茨。这帮小孩都是电脑迷，他们因为参加微软公司的儿童征文比赛表现出色，被邀请到微软参观、领奖，和比尔·盖茨见面。

1986 年，微软开发出了一个名叫“沃克斯”的软件试用版。为了检查它的市场定位，在当年 12 月，微软公司专门举行了一个座谈会，邀请了三男四女参加。他们来自不同的行业，担任不同的职务。

从儿童征文比赛到座谈会，我们可以得出这样一个结论：微软公司之所以能稳步发展前进，和比尔·盖茨注重广泛收集信息、听取意见的策略大有关系。微软公司正因为常常采用这样的方式，了解市场，把握市场需求，所以推出的产品总有过人之处。

企业家一定要增强自己的超前意识和科学预测能力，培养自己对市场运行规律的洞察力和敏感性，只有及时察觉市场未来变化的各种征兆，科学预测未来市场发展的趋势，企业才会在激烈的竞争中取得成功。

专家指点

《华盛顿邮报》公司董事长凯瑟琳·格雷姆夫人有个著名的信条：“活在当下，瞻望未来。”企业面对变化多端的市场，如果把握得当，进而预测准确，那么企业的发展将上一个新台阶。反之，轻则使企业失掉一次机遇，重则使企业陷入一时困境。

只有准确的预见才有准确的定位

产品要有销路，必须对消费者需要和市场行情有准确的把握。市场是企业的命脉，没有市场的产品卖不出去，没有市场的企业也终将面临倒闭。

请看时装大师皮尔·卡丹的故事。

20世纪60年代末，“时装帝国”总裁皮尔·卡丹举办了一次服装展销会，当时由于时装设计远远超出时代的步伐，不适应当代潮流而遭到失败。这次挫折不仅使他从时装的象牙塔上猛然跌落下来，而且服装业保护组织也将他抛弃了。皮尔·卡丹在痛定思痛之后，总结经验教训，决定东山再起。

皮尔·卡丹具有超前意识，坚信战后人们的思想、行为及其穿着方式一定会改变，特别是青年一代更喜欢表现其独特的个性和时代感。于是皮尔·卡丹突破传统，设计出更新、更奇、更突出时代感的服装。其用料上乘，颜色对比和谐，宽窄长短相宜，风格舒适飘逸，富有时代感、青春感。20世纪80年代，皮尔·卡丹在法国举行的题为“时代潮”的服装展览会上，展示了他多年来设计的各式服装。各种款式的服装面市后，深受社会各界欢迎，皮尔·卡丹也因而一举成名。紧接着他的服装又走出法国，行销世界各地，最终以“新潮、高尚、典雅”而著称全球。

经过不断地创新与发展，该公司如今已成为世界的“时装帝国”，资本高达10亿美元，是服装业的头号富豪。

只有把握了市场的需求，才能对产品做出准确的定位。

阳光卫视的定位偏差使它付出了巨大的惨重的代价。

2000年8月8日，阳光卫视开播。其播出之初的定位是一个以历史及人物传记为主题的华语卫星频道，目标观众群定位在既有较高学历，亦是最具消费力的高收入人群。

阳光卫视的经营方式主要是以联盟的方式向各地购买商（媒体）提供电视节目，这些节目内容包括世界一流节目制造商的原版节目，以及打着阳光卫视品牌的人物访谈、人文纪录片节目。

与传统电视台以及诸如凤凰卫视之类的电视新贵不同的是，尽管拥有自己的播出平台与传输网络，但阳光卫视却志不在此。其拥有的超过45000个小时的节目内容储备，彰显着阳光卫视觊觎华语节目总供货商的巨大野心。

阳光卫视将自己定位为内容供应商，显然是看到了这种国际上的趋势。从国内的情况来看，两方面的情况也使得节目内容供应商的定位有一定的市场需求。一方面，随着政策的放开，各种内容制作机构开始在中国得到一定的发展，有可能提供更为优秀的节目；另一方面，传媒频道资源过剩，但内容严重不足。电视观众日常虽然能够收看少则三四十、多则六七十个频道，但这些频道节目雷同，内容贫乏，这使得电视台对于优秀的节目会有越来越大的需求。

从某种意义上看，阳光卫视是带着先进的理念来开拓中国的媒体市场的。

然而，任何市场都是一个完整的系统。企业销售从产品生产到完成交易，不能仅仅看是否有市场需求，因为要达成真正的交易，还要考虑市场的现实条件。

从国内的情形看，电视台的竞争并未完全市场化，其本身还带着浓厚的事业单位的色彩。在某种程度上，电视台扮演着资源垄断者的角色，他们的运作并不完全按商业化规律进行，有时供应商的节目内容再好，如果电视台不播，节目内容制造商也无可奈何，根本谈不上任何收入。这种情形使得节目内容供应商在双方的交易中，反而成为弱势的一方。

在双方的谈判中，节目定价权、黄金时段、黄金频道的资源配置权，往往被牢牢掌控在购买者手中。供应商为达到成交的目的只好退让，最后以节目换广告时间的方式达成交易。

在节目内容的定位上，阳光卫视同样走进了脱离国内电视市场现实的误区。表面看来，国内电视台节目有大量的“低智商”内容，这使部分受教育水准相对较高的观众无电视可看，“电视无文化”之说一度甚嚣尘上。这为阳光卫视的内容定位提供了大环境背景。

阳光卫视致力于历史、人物、旅游、科技、健康、食品等专题节目的制作，格调定位高雅，文化气息浓郁。目标受众群相对较明确，使其在建立初期就占据了区别于国内其他电视频道的受众市场。另外，其节目大多来自国外的知名制作公司及媒体，来源方面也显示出与国内电视的差别，在一定程度上引起了人们的兴趣。但是，实际情况是，“电视无文化”之说代表的只是较少一部分掌握文化话语权的群体发出的声音，而不是市场需求的主流，大多数观众还是喜欢看“没文化”的节目。劳累一天的普通劳动者打开电视为的是获取一天难得的轻松与快乐，自然不愿去看阳光卫视的节目；青年学生虽然需要这样或那样的文史知识和人生智慧，但天性好玩的他们在没有特定压力的情况下，也不会将手中的遥控器指向这个频道；而喜欢深刻、标榜崇高的知识分子，更多愿意选择自主性更强的知识获取方式，诸如阅读之类，也较少将收看电视作为第一选择。

受众面偏窄，严重影响到阳光卫视的广告收入。实际上，阳光卫视除了《杨澜工作室》等极个别节目外，日常节目广告投放量的稳定根本无法得到保证。

与每天滚动播出的惊人投入相比，产出却不能得到有效的保证，阳光卫视无奈地陷入了亏损的沼泽。

阳光卫视的亏损和没落是必然的，因为从一开始，它对市场预测分析的失误就决定了它定位的偏差，而定位的偏差直接决定了市场的狭小。

没有市场的产品，谁也回天乏术。只能走向改革或灭亡的道路。

专家指点

产品最终被消费者接受才能称之为商品，否则就只能存放在仓库。市场是企业的命脉，没有市场的产品则卖不出去，没有市场的企业则难以为继。所以，洞悉市场行情，把握市场需求，打开销售渠道，是企业生存、发展的关键。

经营要喝头道汤才能成就大企业

掌握先机就好比吃饭的时候喝头道汤。吃饭的时候，我们都会喝点汤，有人喜欢喝老汤，认为汤熬得越久越好；也有人喜欢喝头道汤，认为头道汤味道更鲜。

一位民营企业老板告诉笔者，做生意必须喝头道汤，谁喝到了头道汤，谁就能发财。要想喝到头道汤，就必须先行一步，看准未来，大胆投资。

当选过亚洲首富的韩裔日商孙正义，在互联网商机还不为众人所看好时，先人一步，大胆投资网络业，仅用不到 10 年的时间就完成了财富的积累。这位年轻巨富在总结自己的成功经历时说，财富更多地会与那些“有远见”、“有激情”、“有梦想”的“三有”人结缘。

1889 年 5 月，合成橡胶被投入工业应用时，还在读大学的法国青年爱德华发现巨大的商机就要到来，他和哥哥安德烈双双放弃了学业或职业，回到家乡，在父亲一家小型农机厂的基础上创办了米其林橡胶轮胎厂，此后，不仅马车、自行车，就是后来出现的汽车、摩托车、飞机都用上了米其林的轮胎——这就是远见。

有预见，敢喝头道汤，成就了很多大企业。

早在 1956 年，美国的一家公司就发明了一种录像装置。可是这家公司只用它来生产一种非常昂贵的广播电台专用设备。而日本索尼公司的经营者通过分析论证，认为电视录像装置一旦形成大批生产，其价格势必降低，许多家庭可以购买得起此种录像装置。这样一来，家用电子产品这个市场就会扩大，如果马上开发研究家用电视录像装置，肯定会获得很好的经济效益和社会效益。

于是，该公司马上组织实施，结果是大获成功。

由于这一决策的成功，采用电视录像装置的市场一度被日本占去了 90%之多，而美国则长期处于劣势。

抢占先机，就是要先发制人，抢在竞争对手之前进入市场，占领市场。

世界旅馆大王、美国巨富威尔逊在创业初期，全部家当只有一台靠分期付款“赊”来的爆玉米花机，价值 50 美元。二战结束后，威尔逊做生意赚了点钱，便决定从事地产生意。

当时干这一行的人比较少，因为战后人们都很穷，买地皮建房子、建商店的人不多，所以地皮的价格一度很低。听说威尔逊要干这种不赚钱的买卖，母亲和妻子都极力反对，但威尔逊却坚持己见，他认为这些人的目光太短浅。虽然连年的战争使美国经济不景气，但美国是战胜国，经济很快会起飞的，地皮的价格一定会日益上涨，赚钱是不会有问题的。

威尔逊利用手头的全部资金再加上一部分贷款，买下了市郊一块很大的没人要的地皮，这块地皮由于地势低洼，既不适宜耕种，也不适宜盖房子，所以一直无人问津。可是威尔逊亲自到那里看了两次以后，竟以低价买下了这块荒凉之地。威尔逊认为，美国经济很快就会繁荣，城市人口将会越来越多，市区也将会不断扩大，他买下的这块地皮一定会成为黄金宝地。

事实正如威尔逊所料，三年之后，城市人口骤增。市区迅速发展，马路一直修到了威尔逊那块地的边上，大多数人这才突然发现，此地风景宜人。宽阔的密西西比河从它旁边蜒蜿而过，大河两岸，杨柳成荫，是人们消夏避暑的好地方。于是，这块地皮马上身价倍增，许多商人都争相高价购买。但威尔逊并没有把土地卖掉，而是自己在这地皮上盖起了一座汽车旅馆，命名为“假日旅馆”。假日旅馆由于地理位置好，舒适方便，开业后顾客盈门，生意非常兴隆。从那以后，威尔逊的假日旅馆便像雨后春笋般出现在美国及世界其他地方，这位高瞻远瞩的“风水先生”终获成功。

下面是一个反面案例，其中的惨痛教训很值得我们去反思。

王某在决定投资某项目之前，首先不遗余力地进行了一系列的市场调研，调研结果无疑是好上加好。因为当时很多企业正因此财源滚滚而来。但也有下属提醒他：这只不过是该项目发展的尾声，市场上很快就会有代替它的产品出现，我们可以开发其他新产品。但王某认为财运就在今天，就在眼前，便决定以这一项目为投资的拳头项目，制定了切实可行的决策方案。随后耗巨资购进工艺先进的生产线。

结果，当产品源源不断地生产出来时，科技含量较高的产品已经推出，功能更全，款式更新。因此，刚刚生产出来的产品因此只能打折促销。

王某暗暗掐指一算，发现这项投资决策，亏掉了一个亿，王某无声地咬破了自己的嘴唇，说了一句：要喝就喝头道汤。

一个企业能否成功，主要取决于决策者能否识在人前，走在人前。只有这样，才能使天堑变通途，才能在别人尚未行动之前捷足先登，占有一块领地。

专家指点

经营要喝头道汤，才能成就大企业。产品领先是“头道汤”，技术领先也是“头道汤”，资源最早开发还是“头道汤”。胜在人前，成为行业中的佼佼者，否则，决策者只能在市场竞争中步别人的后尘，只能看着别人喝头道汤而捶胸顿足、懊悔不已。

预见是经营者掌握先机的捷径

精明的企业经营者善于捕捉市场信息，善于对影响市场变化的种种因素进行分析研究，对市场未来的需求变化和一些关键性的问题作出科学预测，用长远的发展眼光确立企业的发展方向与目标，使企业在复杂多变的环境中充满生机，帮助企业抢占市场先机，从而在同行中独领风骚。

意大利费鲁齐集团总裁费鲁齐有一个精明善算的头脑，富有远见，有很强的应变能力，他一生有两次相当出色的预见，让他掌握了先机。

早在第二次世界大战期间，费鲁齐就预料到战败后的意大利有待在一片废墟上重新崛起，广大民众也必定缺衣少食。战后的情况果然在费鲁齐的意料之中，意大利和欧洲的许多国家闹房荒、饥荒。根据国情分析，他超前创办了水泥厂、粮食加工厂和运输公司，为企业避开战后的困境打下了基础。

20世纪60年代至70年代期间，他早早就预料到世界性产业的竞争将给意大利经济带来危机，给意大利企业造成困难。于是他审时度势，放弃了曾经有着良好发展机遇的汽车业，而创办了信贷公司，扩建了混凝土公司，合并了意大利第二大水泥公司，购买了食糖公司，使企业又一次成功地绕开了困境。

成功的人总是能抓住几次先机，失败的人总是会错过先机。先机对企业来说是发展的动力、成败的关键。

请看哈默是怎样预见未来掌握先机的。

在哈默的一生中，最活跃的25年是他1938年从苏联回来以后，他研究了当时美国国内的政治形势，认为罗斯福肯定会掌握美国政权，罗斯福提出的解决经济危机的“新政”一定会成功。而一旦罗斯福新政得势，1920年公布的禁酒令就会废除，为了解决全国对酒的需求，肯定需要相当数量的酒桶，特别需要经过处理的白橡木制成的酒桶，但当时市场却没有酒桶。

哈默在苏联住过多年，他知道苏联人有制作酒桶用的桶板可供出口，于是，他向苏联商家订购了几船桶板，并在纽约码头苏联货轮靠岸的泊位上设立了临时桶板加工厂，同时还在新泽西州成立了现代化酒桶加工厂，当哈默的酒桶从生产线上滚滚而出的时候，恰好赶上废除禁酒令，人们对啤酒、威士忌等酒的需求量大增，各酒厂生产量急剧增加，急需大量酒桶。

于是哈默的酒桶被那些最大的威士忌酒厂及啤酒厂高

价抢购一空，哈默获得了成功。

抢占先机要求企业就像遵循围棋“宁弃数子，不失先机”的定理一样，在一定条件或形势下，当占领市场与获取眼前利益发生矛盾时，应该选择宁可舍弃部分眼前利益也要抢先占领市场的策略。只有这样才能先人一步，先发制人，抢先掌握市场竞争的主动权，因为从长远看“有市才有利”，市场是企业生存与发展的根本。

看了下面这个故事，我们就能深切地体会到有什么样的胸怀和眼光才能抢占先机。

1994 年 10 月，为了加强对外商投资企业的管理，使之与国际惯例接轨，我国决定从 1995 年起启用新的行业财务报表。可这种报表，一个企业一年只用 20 张左右，销量很少，印刷行业几乎没利可图。这套报表种类多，涉及 9 个行业，又要中英文对照，加之时间紧，年底以前必须印刷出来，要干肯定是个赔本生意。

面对许多厂家都不愿干的这个买卖，北京华实标准账簿会计用品公司（以下简称“华实公司”）却主动接下这笔生意，他们认为，眼前看是不赚钱甚至还要赔钱，但是 9 大行业的报表由华实独家经营，就等于抢先占住了一方市场，有了市场就不愁日后不赢利。于是，华实公司迅速安排力量，11 月中旬拿到新报表样表，9 个行业、100 多种表的英文配写工作，华实公司的专家组两天就完成了，接着制版、印刷，总共 15 天时间报表就上了营业部柜台。到了 12 月初，正当外商投资企业为新式财务报表而发愁之际，华实公司主动与它们联系解难，各家外资企业纷纷前来华实营业部购买财务报表。"独此一家，别无分店"，一时间华实公司的生意格外红火。最后一算，虽然9个行业的报表仅仅保本没利，但重要的是许多企业从此成了华实公司的新客户。华实公司先行占领了一方市场，带动了公司整体效益的剧增。

第二次世界大战前，在人们因相信"世界末日为期不远"而陷入一片慌乱之中时，奥纳西斯凭着他的先见之明和敏锐的洞察力，对形势作了准确的判断，并作出了一个令人惊奇的选择——把他的全部资产投入到被人们认为在危机中最不景气、并注定要遭难的海上运输业。因为他深信：一旦世界经济复苏，就离不开运输。

一天，奥纳西斯得到了一条消息：在经济萧条的影响下，加拿大国有运输公司元气大伤，不得不拍卖产业，其中有6艘货轮，10年前每艘价值为200万美元，而今船价暴跌，每艘只售25万美元。听到这个消息，奥纳西斯高兴得跳了起来。他急匆匆赶到加拿大，将这6艘被遗弃在"墓地"的货轮全部买下。当时许多人断定奥纳西斯办了一件蠢事，认为不久这几艘货轮连5千美元都不值，事态的发展正如这些人所预料的那样，年复一年，危机越来越严重，整个资本主义世界仿佛陷入泥沼之中。

面对严酷的现实，奥纳西斯毫不动摇自己的决心，坚信好日子一定会到来。奥纳西斯盼望的日子终于来了，第二次世界大战爆发后，战争给那些拥有水上运输工具的人带来了神奇机会，奥纳西斯的6艘货轮一夜之间变成了浮动的金矿。到战争结束时，他这个“机缘船东”已置身于希腊拥有“制海权”的巨头行列。

企业家要能抓住市场苗头，超前判断，以便提前做好准备，一旦时机到来，率先推出自己的产品和服务，对于一些生产过程复杂、成本较高、生产周期较长的产品和服务，尤其要这样。不难看出，一个经营者要赢得事业的成功，不仅要有一种敢作敢闯的冒险精神，还要有良好的文化素质所决定的超前意识、先见之明和敏锐的洞察力，只有这样才能及时把握潜在的市场机会，牢牢掌握市场的主动权。

专家指点

人们常说企业经营要紧跟市场变化，适应市场需求，就能掌握先机。其实这样是不够的。就像炮击空中飞行器，必须根据飞行器的速度计算出提前量，然后再瞄准飞行器的前方才能有效击中一样。企业要从市场中敏锐地发现未来商机，就必须根据现实迹象预见市场未来的发展趋势，然后，超前判断，抓住先机。

顺势而为则兴逆势而为则衰

目光远大的企业家都是洞察先机，察微知著，在商海遨游中争取主动，顺势揽商机，而不是逆势被动适应。

朱江洪是个善于灵活把握市场运动规律的企业家，在他的运筹之下，格力空调的地位扶摇直上，1996 年一举夺得产品质量评价、市场占有率、售后服务三项全国第一！他善于洞悉市场动向，任何风吹草动也逃不出他敏锐的目光。

1996 年，正在全国空调市场火热时，他敏感地嗅出市场将有变化，山雨欲来风满楼。当时全国空调生产能力超过 2000 万台，数以百万计的进口空调和走私空调也蓄势待发，而市场容量仅有 600 万台，空调大战迫在眉睫。

朱江洪未雨绸缪，在缩小生产规模的时候，还抓紧促销。为此，他想出了一个带有诱惑性的促销办法，经销商交 1000 万元的预付款，厂里就返还给他 0.5%的利息。交 2000 万元返还 0.6%的利息。这一招果然很灵。到 3 月底，淡季回款超过 15 亿。格力集团可以稳坐钓鱼船，任凭风吹浪打了。不出朱江洪所料，到了 4 月份空调销售没有进入旺季，这时，大部分空调生产商才如梦初醒，于是纷纷主动降价 500 元至 800 元，有的降幅达 1000 元至 2000 元，一些窗式机降到低于成本的 2000 元以下；更有甚者，一反过去先付款后提货的办法，采取了先交定金，送货上门，安装调试后再付款的方法；同时，还提高了对经销商的返利，有的高达 40%。

到了 5 月份，“凉夏”趋势更加明显，降价压力骤增；6 月中旬又逢低温多雨，夏天变成秋天，真是“屋漏又逢连阴雨”。其他品牌因为库存太多，纷纷大打价格战，而朱江洪经过深思熟虑拿出出人意料的方案："格力"不降价。这个时候，他考虑的不是单机，而是服务，空调机只是个半成品，价格太低，专卖店为省几个钱，就会降低服务质量，甚至牺牲售后安装维修服务，这就意味着"格力"要给用户提供"伪劣产品"，难以保证安装质量和售后服务。

"格力"不降价，无疑是最大限度地维护了"格力"硬牌子的崇高形象。

当然，他的周密考虑并没到此为止。他清楚地知道，"格力"不降价肯定要使经销商的利益受到损失，对此他早有准备。9月，销售旺季刚过，朱江洪便筹集了1亿多元资金，给经销商以一次性补偿，使经销商备受鼓舞，使经销商深刻体会到名牌毕竟有名牌的风度和温情。

一场混战并没有扰乱朱江洪周密的思路，最后"格力"大获全胜。当年年底，"格力"空调获得质量评价、市场占有率、售后服务三项全国第一。"格力"空调脱颖而出。

比尔·盖茨不仅是个电脑天才，也是一个经商的天才，具有与众不同的长远眼光，他用预测未来的精神来指导科研，他的那些有关计算机的预言今天已经成为了现实。

还在大型计算机垄断市场的时候，比尔·盖茨就说出了那句在多年以后让全世界都赞叹不已的名言："我们的目标是让每一个办公桌上以及每一个家庭都拥有计算机。"比尔·盖茨在开始创业时把自己公司起名为"微软"，即"微型电脑软件"之意。盖茨创立这家公司的宗旨是：要为各种各样的微型电脑开发软件。到如今，全世界有至少3亿人在使用微软操作系统。

在比尔·盖茨的青年时代，DEC（数字设备公司）是最红火的计算机公司，公司的创建人肯·奥尔森是一位传奇式的硬件设计师，也是比尔·盖茨心目中的英雄。1960年，他推出了第一批“小”计算机，从而创建了小型计算机工业。最早的计算机叫做PDP-1，一个用户可以花上12万美元买一台奥尔森的PDP-1，而不是花几百万美元买IBM的“大铁块”。它没有大机器那样功能强大，可是它的用途广泛。DEC通过提供大量各式各样的计算机，在8年之间发展成为一个拥有67亿美元的公司，DEC维持了20年时间的高速发展。但奥尔森的眼光不再长远，他看不出小型桌面计算机的发展前途。结果，它被排挤出了DEC。在此后的很长一段时间，奥尔森还在反复地、公开地把个人计算机看做是一种赶时髦的玩意儿而嗤之以鼻。奥尔森错过了人生前途中的一次大转折机遇。

作为一个企业，你可能无法改变它的现实，但你应该准确地判断出它将来势必形成的局面和趋势，并以此来提前进行决策，来发展你的事业和企业，来迎接你的未来，这就是顺势而为。一个企业一定要把握好形势，要顺应潮流，不要逆潮流而动。

专家指点

商海如潮潮起潮落，顺其势者则兴盛强大，逆其势者则困难重重，甚至难逃被淘汰的厄运。企业要在竞争激烈的商品经济市场中求生存、谋发展，就要不断提高预见能力，根据市场运行规律和发展形势，顺流走在大势的前面，乘风破浪，勇往直前。否则，后果不堪设想。

第二章　预见品质
企业成功的基础

决策预见者要有足够的知识

任何人的预见能力都不是天生的，而是通过后天的努力得来的，这其中最重要的就是知识的积累、阅历的丰富。任何人的预见都不是异想天开，而是建立在知识、见解和经验基础之上的理性推测。

美国著名历史学家、社会学家和管理学家帕金森，曾经针对决策问题讲过一个颇为耐人寻味的故事。

一个公司准备进行两项投资：一项投资是原子反应堆建设，另一项投资是建造自行车棚。当讨论投资原子反应堆项目时，先由主管人汇报了简要情况。在11位委员中，有4位根本不知道什么叫“原子反应堆”，另有3位尚不知它有什么用途，另外4位知道原子反应堆作用的委员中有3位只知道建造它要花费很多钱。唯一有发言权的B先生又是个犹豫不决的人。最后，这项投资不了了之。

当讨论第二个投资项目的时候，情形就大不相同了。

虽然只是一笔小小的投资，但是人们却围绕着它争论得十分热烈。主管人介绍了情况之后，大家就纷纷发表自己的看法和意见，在一番唇枪舌剑的争论之后，终于作出了投资的决策。

投资原子反应堆建设，无疑是一项更有前景的事业，但决策者缺乏这方面的知识，导致讨论无法展开。这是一个形象的对比，它告诉我们在预见的过程中知识的重要性。

丰富自己的知识，仅从书本上获取是不够的，读万卷书不如行万里路，多行“脚下能生花”。千古良相诸葛亮，一直备受人们的推崇，特别是他的隆中对，未出茅庐已知天下三分，尤为后世崇拜不已。然而，我们并不知道他为何有如此先知先觉的本领，《三国演义》里也没有明确告诉我们，他是凭借什么作出这一战略性的预见和决策的。只有其兄诸葛瑾的话才稍稍透露了一点线索，原来，这位“卧龙”并非高卧隆中，闭门苦读，两耳不闻窗外事，实际情况是诸葛亮驾小舟于江湖之上四处访游，密切注意天下形势的变化。所以才能明了诸侯纷争的强弱虚实，确定联吴抗曹，夺取荆州，后收巴蜀的大计。

上海大千有限公司总经理黄海伯先生在谈到自己的生意经时不无感慨地说：“我跑过 70 多个国家，一年要用掉上百张飞机票，跑的地方多了，就会有比较，有思考，博采众长。另外从各国的差异中，也可以觉察到许多商业机会，也了解了各地商人的差别。比如，台湾人做的生意多是些中小企业，但以外向型贸易为主，积极开拓外销，但各立山头，谁搞出个新东西，大家竞相追逐。而韩国是靠国家的力量，组织几个大公司，起到了像日本大商家的功能。”

四通集团公司总裁段永基在长期与日美公司打交道后得出这样的论断："日本公司有两个突出的优点：第一，尽管谈判过程非常艰难，但谈判成功之后信守诺言，信誉非常好。第二，日本企业和你合资之后，就把你当做了永远的朋友，而且它会把这个合资企业当做一个事业来做，不会中途改变计划，不会背叛。而日本企业的缺点也有两个：一是技术保护，不转移技术；二是算账太精细，自己的利润要大大的，而合作伙伴的利润要小小的。美国企业呢？在技术转让时比较大方，甚至还未签署协议就向你传授技术了，在利润分配方面比较照顾合作方。缺点是热得快冷得也快，形势不好立刻就跑。"

以上两位成功人士之所以拥有对市场、对企业、对经济如此之高的觉察力，就是因为他们平时在生活、工作中不断地学习、积累，并增长了自己的见识，以见识带动思考而作出准确判断。

现代社会一日千里，瞬息万变，昨天的经验到今天就可能已经"过期"失效。"不听老人言，吃亏在眼前"的话固然有其深刻的道理，但若是因此而自负起来，不再学习新知识、了解新情况、把握新趋势，那么，到头来难免会"马失前蹄"。

专家指点

预见未来源于决策者的远见卓识和深思熟虑。决策者的知识和见识来源于耳朵听到的东西多，眼睛见到的信息多，腿脚走过的地方多。闭目塞听的人不可能成为一个决策者，也不可能对外界事物的发展趋势作出正确的预见。

预见者要有开阔的视野

预见者只有扩大视野，开阔眼界，才能保证作出的决策具有全局性和现实性。

一位科学家回忆：1953年，中国某名牌大学新组建了一个光学教研室。在讨论研究方向时，不少人认为，光学领域的研究已经“极为成熟”，很难找到一个什么新的研究方向。讨论结果不了了之。

光学是一门古老的学科，近代以来又得到进一步发展。从古代中国的墨子，古希腊、古罗马的希罗、托勒密到中世纪阿拉伯的阿尔哈，从近代的牛顿到现代的爱因斯坦，从古代光学到几何光学、波动光学、光谱学，从可见光到红外线、紫外线，从透镜、眼镜到显微镜、望远镜、照相机、光谱仪，这个领域无论在理论上还是在应用上，无论在广度上还是在深度上，到20世纪50年代，的确可以说是“极为成熟”。但当时在现有成果基础上继续拓展，当然还有很大的余地，因此，明智的行为应该是把精力放到攀登新的高峰之上。

就在人们普遍认为光学领域难以有大的突破后不久，激光技术在20世纪60年代出现，并迅速地被应用到医疗、军工、科研等领域，这样，古老的光学领域顿时一片光明，大放异彩。其后，电子技术、数字技术、航天技术等高新技术的应用，又使光学领域不断地出现新的奇迹，小到原子的内部结构，大至星系，都确切地出现在人类的视野之中。今日，光学领域仍孕育着新的突破。2001年9

月 2 日《文摘报》的一则消息说，美国科学家最近发现，一种被称为海尾蛇的动物，五条长长的手臂上都遍布着“眼睛”，全身就是一只巨大的复眼。科学家正在对这种精巧得令人嫉妒的构造进行研究，希望模仿它制造微巧透镜，用在未来的光学计算机上。

可见，极限并非不存在，但只要开阔视野、拓宽思路，就会发现新的领域。

伽利略号称发明了望远镜，其实他最大的贡献不是简单地发明了望远镜这个工具，而是让人们利用这个工具来发现了更广阔的天地。企业管理者在决策中不妨借用一下能够开阔视野的、由各种信息组成的透视市场的“望远镜”，以开阔自己的眼界和心胸。

1992 年 2 月 18 日，四川航空公司购买的第三架干线飞机——154M 型飞机徐徐降落在四川成都双流机场，而此时 5000 公里之外的俄罗斯古比雪夫飞机制造厂正在组装第四架，同时，大量的中国商品又源源不断地运往莫斯科。令人不可思议的是，谈妥这笔中俄之间最大单项贸易额的牟其中是一名民间企业家。

当然，做成这笔生意并不那么简单，因为这涉及两个国家、2.4 亿瑞士法郎、4 架飞机和上万吨服装、食品、机械等诸多方面。牟其中为了做成这笔生意前后用了 3 年时间。经过艰苦的谈判，他让古比雪夫飞机厂先把飞机飞到成都，用飞机做抵押得到了贷款；同时与全国各地的三百多家企业签约并预先交清货款，这些企业把服装、食品、机械装上了开往莫斯科的火车。如此一来，四川航空公司得到了干线飞机投入运营；古比雪夫飞机厂卖出了积压的飞机，每月还得到50车皮的紧俏中国货；四川万县的企业起死回生，地方的财政收入也增加了……

对此，牟其中说，我好像是一个演技平平但对舞台比较熟悉的演员。我既不会办航空公司、不会造飞机，也不会做罐头。但四川航空公司的总经理不知道怎样搞到廉价的飞机，古比雪夫飞机厂厂长不清楚四川航空公司没有一架干线飞机，万县的厂长们不知道莫斯科市民排队买罐头的艰难。而这些我知道得一清二楚。

这些散落在各地的信息资源虽然非常宝贵，但如果不善于利用，它们只能尘封原地，视野开阔的企业家如果能借助自己的慧眼从中穿针引线，在市场经济的新形势下，抓住市场需求，“组装产品市场”。

海尔集团公司取得的成就，除了“改革开放”给企业创造了宽松的环境之外，更重要的是海尔集团公司总裁张瑞敏的广阔视野。张瑞敏对国际市场变化的敏锐洞察力和对企业自身存在问题的敏锐觉察力，对海尔集团公司的持久发展起到了关键性的促进和保障作用。

张瑞敏的洞察力体现的是一种新的全球视野。他宣布海尔集团公司从“国际化阶段”进军到“全球化阶段”。两者的区别是：“国际化战略阶段是以中国为基地向全世界辐射，但是全球化品牌战略阶段是在当地的国家形成自己的品牌……国际化战略阶段主要是出口，但现在是在本土化创造自己的品牌”。站在中国看世界与站在世界看世界，视野是完全不同的。

随着经济全球化的来临，企业将面临着世界性的竞争，企业的经营者要用更宏观的视角来面对这一事实，并且积极地提升自己的能力，开阔自己的视野，只有这样才能更好地应对激烈的市场竞争。

视野越开阔，事业就越壮阔。

专家指点

管理学上有一个著名的“隧道视野效应”，说的是：一个人若身处隧道，他看到的就只是非常狭窄的通道。一个人只有视野开阔，才能看得高远，如果视野不开阔，预见也只能像管中窥豹那样，看不到事物的全貌，据此作出的决策必然不够全面。

预见者要有敏锐的眼光

在市场中，缺少的不是商机，而是对商机的正确认识和把握，以及捕捉商机的智慧和眼光。凡是有人的地方就有市场，对于企业来说不是缺少市场，而是缺少发现市场需求的那双“慧眼”。

在波涛汹涌的商海大潮中，总会蕴藏着未尽的商机。所谓商机，就是发展商品经济的市场机遇，也就是人们常说的商业机会。商机是企业的生命线，对于企业来说，商机背后隐藏的是巨大的财富与无限美好的前景。然而，商机又是转瞬即逝的，这就要求企业的主管或决策部门具有敏锐的洞察力，能够及时地识别它、抓住它。

只有敏锐的眼光，才能发现潜在的商业价值，才能给企业带来财富。有这样一个故事，很能说明预见者的眼光。

佛罗里达州的柑橘产地有一个小镇，其四周都是农田，与世隔绝，没有沙滩、山林或绵延的山丘，也没有任何观光资源，只有几处小湖，小镇的村庄里是长着浓密丝柏树的沼泽地。

迪克·派波来到这个地区，他用别人未曾使用过的眼光和超前的觉察力看待这些长着丝柏树的沼泽地。派波买下部分的沼泽地，创办了“丝柏花园”。他还在附近开了一家摄影器材行，出售照片，同时告诉旅客在“丝柏花园”可以拍出美丽的风景照片。他雇用了一流的滑水好手，在湖上做花样表演，并透过麦克风，教大家如何架设照相机及取景，才能拍到生动的镜头。当然，游客回家之后，最得意的摄影作品都是在丝柏花园拍的，口碑加上照片，帮迪克·派波做了最好的宣传。

我们都应该具有这种有创意的眼光，能够看到眼前的景象，同时看到未来的发展前景。

贺兰山下，戈壁滩上，一座荒废了数百年的明代的戍边城堡，摇身变成了享誉中外的“东方好莱坞”。惊叹、好奇之余，人们不能不佩服著名作家张贤亮先生的杰出眼光。

位于贺兰山下的镇北堡，在历史的烟尘、岁月的风雨里，早已闲置、销蚀成荒凉而破烂不堪的废堡。针对镇北堡遗址，当地流行着这么一句戏谑而形象的话：“远看是土堆，近看还是土堆”。不知多少年了，这里就被牧民们当成避风的羊圈。就是这样一处行将毁灭消失在戈壁滩深处的古堡遗迹，被以写小说著称于世的张贤亮的慧眼发现，接着构思酝酿出另一种“佳篇杰作”——一座化腐朽为神奇的海市蜃楼般的影视城展现在影视艺术的地平线上，展现在世界观众和中外游人的眼前。

早在1961年，被流放劳改的张贤亮就发现了这片“风土宝地”，由于历史的原因，他只能韬光养晦、等待时机，多次在自己的小说中梦幻一样地加以描述。

到了1992年，改革开放的春风终于吹过了玉门关，张贤亮喜出望外、果断行动，抵押了自家的全部资产，倾家荡产、义无反顾地办起了影视城。

张贤亮经过一番呕心沥血的努力，他的影视城终于成为扬名中外的影视基地、成为中国西部一颗耀眼的明星。西部影视城建成10余年来，到这里采景拍摄的摄制组络绎不绝，《牧马人》、《老人与狗》等影片就是从这里走向世界的。

西部影视城以原始、苍凉为主要特色，极具远古风韵和塞外地貌特征。它以无与伦比的特色优势，形成无可取代的魅力，成为中国西部题材、边塞题材和古代题材的电影电视最佳外景拍摄基地，成为宁夏回族自治区集观光旅游、休闲娱乐于一体的远近闻名的特色旅游景点，成为越来越多的旅游者、寻梦者的青睐之地。在这里拍摄的影片，在这里升起的明星，在这里拍摄而获得的国际、国内大奖，都占中国各地影视城的首位。

有外国记者说，张贤亮的作为是在推销荒凉。从历史遗迹的废墟到时代前沿的影视基地，它的蜕变只是源于张贤亮睿智的目光。

张贤亮的眼光——给那片亘古的荒凉镀上了黄金，当然也给自己带来了黄金，使其成为中国作家的首富。

眼光不同，境界不同，结果也不同。

请看泰山脚下的一片荒草坡是如何变成蛐蛐乐园的。

在泰山以南的京浦铁路西侧，有一片乱石遍布的荒草坡。在当地实行承包山林坡地的时候，拥有这片荒地的那个村子，没把这片荒草坡列为承包范围，因为这片荒草坡荒得太有“水平”了，别说种庄稼，就连挖坑植树都很难。后来，却有一个在外打工的村民回到家乡主动承包了这片荒草坡。于是，附近几个村的群众都大惑不解，有人说他傻，有人说他没眼光，有人还说他的脑子出了问题……一时众说纷纭，讥笑连篇。

到了第二年春天，正当人们忙着春播之时，他却沿着京浦铁路和 104 国道立起了几块新奇的广告牌，上面写着：“鲁南蛐蛐，天下第一”、“斗蛐蛐，找大王”、“全国第一家野生蛐蛐园”等。直到这时，人们才转过弯来，也才想起来每年夏天都会有不少南方人到他们这里来逮蛐蛐，而最吸引人的就是那片荒草坡。平时，这里的人们只知道蛐蛐的叫声很好听、也很烦人。见南方有人专门来逮蛐蛐，又知道蛐蛐可以斗着玩儿，但绝没想到这小小的蛐蛐还能生财，更没想到他们这里的蛐蛐竟然名冠江南，是上海等地的蛐蛐市场上最抢手的尤物。

到了夏天，蛐蛐园——昔日荒草坡的“门票”价格一涨再涨，承包人在他新建的小石房里饮茶听歌、坐收渔利。

当荒草坡的承包者悠闲自在地大鼓腰包之后，人们无不为他的远见卓识而叫好、为他的生财之道而叹服。

成功的人，成功的企业，都有一个共同的特征，那就是他们在决策时，眼光犀利，抓住了市场的需要。

生活中经常听到有人在抱怨自己机会太少，时运不佳，因而与成功无缘；也不时地看到有人在一味地祈求和等待，祈求时来运转，等待机遇幸临。其实机遇无时不在，无处不在，能否发现机遇全在于你的敏锐的眼光。只有像鹰一样的锐利的眼睛才能发现目标、盯住目标。

专家指点

常言道："敏锐的眼光加上果断的行动，加上持续的努力，就等于成功"。这其中眼光是排在最前面的。世间到处有黄金，大地处处有白银，但需要有敏锐的眼光去发现、果断的行动去挖掘、持续的努力去积累。财富和成功永远属于那些有眼光的人。

既要预见未来就要心系长远

一个企业的正确决策，在很多情况下，需要决策者的远见卓识。只有站得高，才能看得远。

很多企业曾经拥有过名牌或“拳头”产品，因其产品曾辉煌一时，企业就像对待自己的宝贝一样把注意力集中在这些产品上。他们集中企业的主要精力和资源，进行现有产品的研究和生产规模的扩大，仍然按照传统的产品观念和推销观念来指导企业的生产经营。这些企业看不到消费者需求的不断变化对产品提出了新的要求；看不到新的需求及技术的不断发展对新产品的需求。总是以为自己的产品质量好，是名牌，是畅销货，只要严把质量关，就永远不会被市场淘汰的。他们也未曾考虑到在新的市场形势下，企业的经营策略应随市场环境的变化而改变。如果以产品之不变应市场之万变，就会让企业经营步入误区，陷入困境。

国内有一家颇有影响的碳酸饮料生产企业也曾因此而失利。这家企业的产品自问世以来一直畅销不衰，可是到了1992年前后，其产品销售额和利润都开始大幅度下降。尽管这家企业率先实行了巨奖销售，并不惜百万重金加大宣传促销力度，却仍然无法扭转这种下降的趋势。

原因何在？很简单，过去人们对饮料了解不多，由于宣传和广告的引导，市场对碳酸饮料有着较大的需求。但随着人们生活水平的提高，以及对健康、食疗和美容问题的关注，再加上人们追求回归自然的潮流，消费者开始对那些纯天然原汁饮料产生了浓厚的兴趣，大大降低了碳酸饮料的市场需求量。此时此刻，该饮料生产企业并未注意到消费者需求的这些变化，仍然认为自己的产品是优质名牌产品，只要不惜代价搞好促销工作，还是可以收复失地的。事实并非如此，结果是这家企业的产品独霸国内饮料市场的日子一去不复返了。

美国商界有句箴言：“愚者赚今天，智者赚明天。”这话道出了企业经营制胜的客观规律。市场经济瞬息万变，任何产品都难以逃脱自己有限的生命周期，如果眼睛只是盯着今天，跟着走俏商品跑，往往是万人争走独木桥，造成这类商品的饱和、过剩，继而陷入经营困境。

不争一时之利，长远考虑效益，还表现在如何对待自己的盟友和对手上。

大量事实分析表明，许多经营者常常在对待盟友和竞争对手时考虑欠周全，为一时的利益所迷惑，做出短期行为，急功近利，结果使自己陷于孤立被动的境地。商战中的“一锤子买卖”、“趁机捞一把”、“见利忘义”等就属于这种行为。

聪明的人更注重于长远，在对待盟友和竞争对手时，善于处理好眼前利益和长远利益的关系，不是只顾自己，而是广交朋友，周密考虑，谨慎从事。

张果喜，江西果喜实业集团公司董事长兼总经理。1979年开始生产出口日本的佛龛，占据了日本大部分佛龛市场，并在加拿大、德国、韩国、泰国和香港等地开辟了经销处和办事处，共五大类2000余种，个人资产达数亿元。

有“巧手大亨”之美誉的张果喜深明大义，在开拓日本市场时注意照顾好方方面面的利益，善待盟友和对手，很快便成为日本佛龛市场的“龙头老大”。

张果喜在日本取得了一定的市场地位以后，就与日商建立了稳固的代理关系，全部佛龛产品都由日商代理经销。不久，新情况出现了。随着张果喜生产的佛龛在日本市场的畅销，一些颇具眼光的日本商人看到销售这种佛龛非常有利可图，为降低进货成本，一些销售商就想走捷径，绕过代理商直接从张果喜那里进货。

张果喜慎重考虑了这个新情况。

从眼前利益看，销售商的直接订货、减少了中间环节，厂方确实可以多赚一些钱，捞到实惠。但从长远考虑，接受直接订货就意味着将失去已花费了很大力气开辟的稳定的销售渠道，甚至使原有的销售渠道背向自己，走到自己的竞争面，这无疑是得不偿失。

从这种思路出发，张果喜婉转而又坚决地回绝了那几家要求直接订货的零售商，继续维护与日本代理经销商的盟友关系。后来，日本代理商知道此事后，很受感动，增强了对张果喜的信任，在推销宣传方面下了不少功夫。向来不轻易买账的日本代理商这次主动地打出了张果喜是“天下木雕第一家”的招牌，从而使张果喜的产品在日本市场越来越稳定。

人无远虑，必有近忧。张果喜清醒地看到，生产佛龛是一种利润丰厚的行业，除了他的果喜集团公司，韩国与“台湾”制作的产品也有相当的渗透力，更不用说在日本本土还有成千上万的同类中小企业了。如果照以前那样，单靠原有的销售网络和一两个合资的株式会社与强大的竞争对手抗衡，只能处于劣势地位，甚至还会有被人家排挤到一边的危险。

权衡利弊得失，采取积极行动。张果喜决定扩大“同盟军”，把一些原先的对立派拉到自己一边。为慎重起见，张果喜还与他的智囊成员对此详细地进行了分析研究，选择了分散在日本各地的有代表性的一些中小型企业。经过多方协调，于1991年成立了“日本佛龛经销协会”，专门经销果喜集团的漆器雕刻产品。这种方式变消极竞争为积极合作，当年立竿见影，张果喜在日本佛龛市场的份额占到六成，取得了更大的市场主动权。

这就是张果喜的联横合纵。其真谛在于周密思考，权衡利弊，摆脱眼前利益和一己之利的束缚；开阔视野，正确处理与盟友和竞争对手的关系，考虑长远利益，共同稳住阵地。

专家指点

预见要心系长远。企业不要总是沉醉于过去成功的模式或热销产品的美好回忆中，而要关注市场新的需求及其发展变化。如果只考虑企业当前的既得利益，而看不到企业的长远发展，那么就很容易使企业陷入困境。

预见者要养成思考的习惯

最具预见能力的人不是那些对事物表面一掠而过的人，而是对事物进行深入细致、认真思考的人。要成为一个善于觉察并具有预见能力的人，最好的方法就是去思考。

思考的质量是决定胜负成败的关键，要想成就大事，就必须留出足够的时间来思考，任何一个有意义的构想和计划都出自思考，而且思考得越深刻，收益就会越大。

最早完成原子核裂变实验的英国著名物理学家卢瑟福，有一天晚上走进实验室，这时已经很晚了，他见一个学生仍伏在工作台上，便问道："这么晚了，你还干什么呢？"

学生回答说："我在工作。"

"那你白天干什么呢？"

"我也工作。"

"那么你早上也在工作吗？"

"是的，教授，早上我也工作。"

于是，卢瑟福提出了一个问题："那么这样一来，你用什么时间来思考呢？"

拉开历史的帷幕就会发现，古今中外凡是有重大成就的人，在其攀登科学高峰的征途中，都是给思考留有一定时间的。

据说爱因斯坦狭义相对论的建立，经过了"十年的沉思"。他说："学习知识要善于思考、思考、再思考，我就是靠这个学习方法成为科学家的。"伟大思想家黑格尔在著书立说之前，曾缄默六年，不露锋芒。在这六年中，他以思为主，专门研究哲学。哲学家们认为，这平静的六年，其实是黑格尔一生中最重要的时刻。德国数学家高斯，在许多方面都有杰出的贡献，有人称他为"数学的王子"，而他则谦虚地说："假如别人和我一样深刻和持续地思考数学真理，他们会做出同样的发现的。"

开普敦·布朗先生一直在潜心研究桥梁的结构问题。当时要在他家附近的特威德河上建一座大桥，开普敦一直在构思如何设计一座造价低廉的大桥，画出比较理想的图纸来。在初夏的一个早上，晨露未干，他正在自家的花园里散步，看到一张蜘蛛网横在路上。

他突然灵感大发，一个主意涌上心头。铁索和铁绳不正可以像蜘蛛网一样连成一座大桥吗？结果他发明了举世闻名的悬索大桥。

当马尔格兹·沃赛斯特在套尔当囚犯时，有一次，他观察到水壶里的热气掀起水壶盖子这一现象，从此他的注意力就集中到蒸汽动力这个课题上。他把观察的结果发表在《世纪发明》这本杂志上，于是在相当长一个时期内，他的论文都被当做探讨蒸汽动力的教材使用。一直到后来，赛威热、纽卡门等人把蒸汽原理运用到实际生活中，制造出了最初的蒸汽机。后来瓦特被叫去修理这台已属于格拉斯哥大学的“纽卡门机器”。这一偶然的事件给瓦特带来了一次机遇，他花一辈子的时间使蒸汽机完善起来。

成大事者往往是把自己的注意力专注于某一特定的方向，利用思考的力量，在机遇到来的时候，能够成功地抓住它。

下面这个故事能给我们足够的启示。

很久以前，在日本大孤有一个名叫鸿池善的小商人，以制作和经营米酒为生，但有一个问题一直困惑着他，酿出来的酒总是显得有点浑浊，他一直在寻找让酒变得清亮的办法。

一天，他与仆人发生了口角。仆人怀恨在心，晚上把炉灰倒入做成的米酒桶内，想让这批米酒变成废品。但是，令人惊奇的事情发生了。

第二天早晨，鸿池善到酒厂查看，发现原来浑浊的米酒变得清亮了。再仔细观察发现，桶底有一层炉灰。

他敏锐地意识到炉灰有过滤浊酒的作用，于是立即进行试验、研究，经过数次的改进后，终于找到了使浊酒变清酒的办法，制成了后来畅销日本的清酒。

看起来，鸿池善是在灵感乍现的“一念间”酿成了清酒。然而，这种灵感却离不开他的长期思考，只因为他的长期思考，他预见到炉灰具有浊酒变清的作用。因为他一直对米酒的浑浊引以为憾，总在苦思冥想能让米酒变清亮，所以当他发现浊酒变清时，第一感觉就是酒里的脏东西会对浊酒有沉淀功能，而根本没想去追究是谁在酒里放了脏东西。

善于抓住一些偶然的事件，善于抓住由这些偶然事件造成的机遇，从中觉察到内在的原理，引申出科学的知识，这是许多科学家、发明家的成功之道。

美国实业界鼎鼎大名的艾克尔先生创办了一家著名的山毛榉食品公司，就是因为一个小小的发现而带来的灵感。

艾克尔本来经营着一家小厂，但生意萧条，让他十分沮丧，决定寻找一个新的项目来做。一天，他在纽约的街头散步，偶然走过一家咸肉店，看见店里的伙计正在将咸肉切成薄片，装在两磅装的纸盒中出售，生意十分兴隆。因为咸肉切成片以后，味道鲜美可口，深受广大顾客的欢迎。

艾克尔想，这的确是个好生意，但可惜一份两磅装的咸肉片未免太多了，如果把它改装在一磅装的纸盒中，生意一定更好。因为，两磅装的肉片，一般的人很难吃得完，不如改装一磅的纸盒，每盒的价钱是两磅盒的一半，这样价钱不会少，分量也很合理了。

有了这个想法，他回到家里，立即着手制作咸肉片，把肉片切得又薄又匀，装在一磅装的纸盒里，送到市场去出售，果然招徕了更多的顾客。之后，他的生意越做越好，不久他的食品公司就蜚声美国了。

只要勤于动脑，成功就在眼前。只要勤于思考，就能发现机遇。成功和失败的分水岭，往往就是人们有没有去思考。有的人去思考了、努力了，然后就成功了；有的人只知道埋头苦干，没有时间思考，反而错过了成功的机遇。

专家指点

任何事物都有其成住坏灭的规律。市场经济也是如此，要想掌握它、利用它，就要思考它、适应它。只有正确的思考，才有正确的预见。预见不是从事物的表面得来的，而是对事物进行认真的分析研究，通过深思熟虑才能得来的。

预见者要有独到的观察力

人类社会每天都会发生这样或那样的事情，有好事也有坏事，不管是好事还是坏事，作为企业主管都要对其保持足够的敏锐。社会中任何事情都包含着危机和机遇，对于利益相关的企业而言，抓住机遇，避开危险，这是必然的选择。

在美国老一代企业家中，安德鲁·梅隆有着传奇的一生。在梅隆的一生中，他经营过银行业、石油业、钢铁业、铝品业等，而他与铝品业的结缘完全是由于他的敏感性。

1889年的一天，三位不知姓名的青年人站在梅隆的面前，问是否愿意替他们偿还银行的一笔4000美元的款子，他们手里拿着一块银蜡色的金属，告诉梅隆这就是铝，声称他们找到了一种可行的电解生产法，只是没有资本，因此他们在到处寻找资助人。

梅隆凭着他的敏感性，预感到这在将来会大有前途。于是，马上答应为他们偿还4000美元的债务，并很快资助他们的匹兹堡电解铝公司，将生产资本升至100万美元，梅隆掌握了60%的股份。果然，只两年多时间，这家公司就控制了北美的铝品生产。

面对利害相关的信息，是敏感还是不敏感，会带来完全不同的结果。请看下面经典案例。

2000年3月，飞利浦公司设在美国新墨西哥州的一家芯片厂发生了一场大火，这场大火对飞利浦公司的芯片生产产生了很大的影响。不过这对于别的公司来说，也只是一个十分普通的信息而已，除了诺基亚和爱立信。虽然远在万里之外，作为欧洲的两个世界上最大的移动电话生产商，诺基亚和爱立信却是这个芯片厂的利害相关方，因为除了另外三十多家小厂也从这家芯片厂订货外，这家工厂高达40%的芯片都由诺基亚和爱立信订购。这场持续了10分钟的火灾向诺基亚和爱立信公司同时发出了一个信号，那就是处理无线电信号的RFC芯片供应危机的信号。

诺基亚公司得到了这个消息后，马上意识到了这背后意味着什么。在大火发生两个星期后，诺基亚公司动员了三十多名欧洲、亚洲和美国各地的经理与工程师一起讨论解决方案。他们在飞行旅途中重新设计了芯片，并想方设法提高生产速度，尽了最大努力争取到所有可能的供应商。诺基亚公司找到了日本和美国的供应商，承担生产几百万个芯片的任务，从接单到生产只有5天准备时间。同时，诺基亚还要求飞利浦公司把工厂的生产计划全部拿出来，尽一切努力寻找可以挖掘的潜力，并要求飞利浦公司改变生产计划。

爱立信公司几乎是和诺基亚公司同时收到的火灾消息，但是当时在爱立信看来，火灾就是火灾，没有人把火灾作为一个征兆和警示，没有人想到火灾会带来的危机。爱立信公司负责海外手机部门的华尔比先生直到4月初还没有意识到问题的严重性。在20世纪90年代中期，爱立信公司为了节省成本简化了它的供应链，基本上排除了后备供应商，同时，当火灾发生的时候，爱立信公司的很多高级经理们是刚刚坐上这个新的位置的，还不能预见火灾会造成多大的影响。

不同的行动带来不同的结果。诺基亚公司由于自己反应及时，几乎没有受到芯片供应危机的影响，相反，它还成功地利用火灾给爱立信公司带来的困难，奠定了其在欧洲的主导地位。诺基亚从爱立信的手中抢夺了3%的全球手机的市场份额，从一年以前的27%上升到30%；爱立信则从12%下降到9%，2002年爱立信只排到了全球第五位。而爱立信公司却因没有其他公司生产可替代的芯片，几乎失去了唯一的零件供应，在市场需求最旺盛的时候，由于短缺数百万个芯片，一种非常重要的新型手机无法推出，眼睁睁地失去了市场。据爱立信公司透露，火灾可能导致该公司损失了4亿美元的销售额。由于零件供应短缺，错误的产品组合以及营销方面的问题，2000年爱立信手机部门总共损失了16.8亿美元，整个爱立信公司损失15亿瑞典克朗。而爱立信公司宣布重组手机部门，还需要80亿克朗的支持。消息传出后，爱立信的股票价格下跌了13.5%。2001年1月26日，作为曾经的世界移动通讯市场无可争议的三巨头之一，爱立信公司最终无可奈何地宣布退出手机生产。

一场看似普通的火灾却产生了令人想象不到的影响力，甚至改变了世界移动通讯的市场格局，成全了诺基亚，难住了爱立信。怎么会这样呢？原因就在于爱立信缺乏足够的敏锐，没有及时采取行动，这又能怨谁呢？

面对市场的变化，企业要有足够的敏锐性，积极采取措施，趋利避害，把对自己不利的一面降低到最低程度，甚至在危机中抓住机遇，迎难而上。

专家指点

事物的变化都有一个酝酿、孕育的过程，在这个过程中总要表现出一些征兆、迹象。所谓“山雨欲来风满楼”的“风”，就是山雨即将来临的征兆。预见者要有独到的观察力，抓住事物变化前的征兆，为预见事物的未来提供依据。只要对周围信息敏感，就能及时觉察各种变化，抓住先机，趋利避害。

企业预见者要提高政治洞察力

如果一个人能在社会政治形势变化之前敏捷地把握其变化的趋势，那么他在事业发展的道路上就能占有先机，想人所未想，能人所不能。

任何事物都有一个产生、发展、消亡的变化过程，任何事物的变化在发生之前都会有一些先兆。有时先兆比较明显，有时则不易觉察，需要人们去发现。

政治形势如风雨。世界上任何一个国家的政治形势都对本国经济的发展起着不可替代的作用，政治有责任、有义务制定出各种政策，以刺激和保证国家经济的高速发展。没有哪一个国家的经济能够完全脱离本国政治的指导，并且政治在经济发展中发挥的作用也在日益增大。

在企业的经营管理活动中，两只眼睛不能够只盯着市场，还要同时盯住政治。只盯着市场的企业家是在用一条腿走路，他们是走不稳也是走不快的；而同时盯着市场和政治的企业家则是用两条腿走路，他们不仅能够走出快捷平稳的步伐，而且还可以实现跨越式发展。

有远见的企业家最有可能获胜，他们根据自己掌握的政治信息，做到未雨绸缪，提前为企业作出决策，一旦形势发生转变，已经做好决策的企业就能立即行动，迅速出击，而能不能捕捉到政治信息，就要看企业家的本领了。

虽然政治形势剧烈变化前的征兆经常带有隐蔽性，但是企业家仍然可以从一些蛛丝马迹中发现政治变化的特点，预测出未来政治的发展趋势。

什么是政治形势变化前的蛛丝马迹呢？这包括许多内容：舆论的导向，国家领导人的讲话，政界要人的某次活动……都可能预示着一次大的政治变动。从微小的事态中分析出政治的大趋势，这才是企业家的眼光。

江苏华西村企业集团总办公室主任吴仁宝就对政治有着敏锐的洞察力。那是在1992年初，吴仁宝注意到多种报刊都发表了关于加大改革开放力度的文章，比如：2月22日始，《人民日报》连续发出《更好地坚持以经济建设为中心》、《对外开放和利用资本主义》、《改革的胆子再大一点》等社论或文章。

舆论界咄咄逼人和耳目一新的宣传态势，引起了饱经沧桑、积累了丰富社会经验的吴仁宝的高度警觉和重视。

吴仁宝断定国家马上会掀起一个经济建设的新高潮，他知道，这又是一次企业腾飞的机遇。

机遇稍纵即逝，它不容许人用过多的时间去考虑。作为企业家的吴仁宝深知这个道理。于是他决定要抓住这次机遇，再次在华西村掀起一股经济热潮。

在机遇面前当机立断、勇气十足，而不是畏畏缩缩、犹豫不决，这正是企业家最为可贵的一种素质。

有了正确的想法就应该马上付诸行动，在凌晨两点钟还不能入睡的吴仁宝立即电话通知村党支部委员、正副村长、各厂厂长马上到村委会参加紧急会议。

在会议上，吴仁宝说："很抱歉，半夜三更请大家来开会，研究工作。根据我多年的经验，中国改革的总设计师邓小平讲话了，经济加速发展的浪潮已经到来，我们要紧紧抓住盼望已久的这次机遇。机遇的动态性很强，它稍纵即逝，有时虽能持续一段时间，但早抓和晚抓大不一样，因为机遇的含金量头重尾轻。"

接着，吴仁宝同与会人员一起为华西村制定了战略目标，拿出了具体的措施。他们认为，经济要大发展，随之而来的必定是原材料吃紧涨价，华西村要抓住这次机遇。大发展就要有足够的原材料作保证，所以压倒一切的中心任务就是"借钱吃足"，钱借得越多越好，原材料进得越多越好。同时，要大张旗鼓地搞股份制，大量吸收个人资金入股。

决策作出，马上行动。在吴仁宝的率领下，华西村从干部到群众，有钱的出钱，有力的出力，有门路的找门路，组成了一支采购大军。在短短的半个月内，他们就借款2000多万元，吸收个人资金入股400多万元，加上自有流动资金，一下子购进了近万吨钢坯，1000吨铝锭，700吨电解铜等原材料。

就在华西人使出全身招数，大举购买原材料的时候，一些人却还蒙在鼓里。吴仁宝看准了政治形势变化前的蛛丝马迹，抓住机遇，依靠“借钱吃足”四个字，就为华西村赢得了千万元的直接经济效益。

政治和经济就像孪生姊妹一样联系紧密，政治嗅觉灵敏的人其经济眼光也是独到的，能把握政治经济先机的人必成赢家。

一些成功企业总能在风雨将至之际，凭着嗅觉敏感，提前作出决策，为自己争取到最大的利益。

专家指点

杰出的企业家总是能够明察秋毫，总是能够从纷繁复杂的政治形势中找到一些有用的信息、并据此作出判断，把握方向，在别人还没有行动之前就做好了各项准备工作。这样，当别人刚刚反应过来并开始行动时，杰出的企业家早已率领自己的企业大军远远地走在前面了。

预见者要有足够的智慧和胆量

企业要发展，必然有风险，风险中孕育着机会，风险中孕育着成功。风险在经营活动中无处不在，如果经营者缺乏应有的魄力和勇气，一味胆小怕事，束手束脚，把风险视为威胁而不是挑战，不敢正视风险，不敢冒险，更不敢制定风险型发展决策，无疑会失去很多发展机会，也难以达到成功的彼岸。

常言说得好：三分能耐七分胆量。有能力还要有胆量，胆量要和能力成正比。

一个房地产开发商多次投资冒险皆能大获全胜。他说，之所以屡屡得手，主要是敢于冒险。他在选择一个投资项目时，如果别人都说可行，这就不是机会，人人都能看见的机会不是机会。他每次选择的都是别人说不行的项目，只有别人还没有发现而你却发现的机会才是黄金机会，尽管这样做有些冒险，但不冒险就没有赢利，只要有50%的希望就值得冒险。

对于个人发展来说，冒险则成为通向成功的必由之路。在很多情况下，强者之所以成为强者，就是因为他们敢为别人所不敢为。孙悟空之所以被群猴尊为“美猴王”，就是因为他敢于第一个跳进群猴都不敢跳进的水帘洞，为群猴找到了一个理想的栖身之所。诸葛亮之所以敢于在大军压境之际，大摆空城之计，惊退司马懿，虽有计谋在胸，但若无几分冒险精神，也不敢赫然为之。

20世纪60年代后期，香港的地产业渐成气候，许多有识之士都看好香港的地产业，但是大家都不敢贸然去做。只是作为餐桌上、朋友间的谈资。李嘉诚也看到了这一点，但他没有把这个机遇当做谈资，而是果断地去做，去实施。由于他把握了机遇的最佳火候，所以成为这次机遇的最大受益者，为自己的事业奠定了基础。

机遇的出现总是短暂的，没有永不消失的机遇。当机遇出现时，先获得者当时就把握了机遇，未获得者只是看好某个机遇；先获得的是真正的机遇，然后大家一哄而上，机遇的优势就随即失去。跟在别人后面亦步亦趋者，不仅不能获得机遇，而且还会受到牵累。

人们失去机遇的主要原因是胆量不够，机遇和成功总是属于敢于冒险的大智者。

在 19 世纪 80 年代，约翰·洛克菲勒已经以他独有的魄力和手段控制了美国的石油资源，这一成就主要受益于他那从创业中锻炼出来的预见能力和敢于冒险的胆略。1859 年，当美国在宾夕法尼亚州泰特斯维尔出现第一口油井时起，洛克菲勒这位精明的青年商人，就从当时的石油热潮中看到了这项风险事业的前景是有利可图的。他在与合伙人争购安德鲁斯——克拉克公司的股权中表现出非凡的冒险精神：拍卖从 500 美元开始，洛克菲勒每次都比对手出价高，当标价达到 5 万美元时，双方都知道，标价已经大大超出石油公司的实际价值，但洛克菲勒满怀信心，决意要买下这家公司，当对方最后出价 7.2 万美元时，洛克菲勒毫不迟疑地出价 7.25 万美元，最后终于战胜了对手。

年仅 26 岁的洛克菲勒经营起当时风险很大的石油生意。当他的石油公司在激烈的市场竞争中控制了美国出售全部炼制石油的90%时，他并没有停止冒险行为。到19世纪80年代，利马发现一个大油田，因为含碳最高，人们称之为“酸油”。当时没有人能找到一种有效的办法提炼它，因此只卖一角五分一桶。洛克菲勒预见到这种石油总有一天能找到方法提炼，坚信它的潜在价值是巨大的，所以执意要买下这个油田。当时他的这个建议遭到董事会多数人的坚决反对，事后他只得说：“我将冒个人风险，自己拿出钱去关心这一产品，如果必要，将拿出200万、300万”。洛克菲勒的决心终于迫使董事们同意了他的决策，结果，不到两年多时间，洛克菲勒就找到了炼制这种酸油的方法，在那里建造了全世界最大的炼油厂，盈利猛增到几亿美元。

把握机遇，积极预见的诀窍是：智者先识，勇者先达。丰厚的盈利，多蕴藏在这一波波巨大的风险漩涡中。

企业经营的环境往往是充满了诸多变数和不确定性因素的领域，经营管理企业的过程就是在各种不确定性因素中进行决策的过程。经营的目标往往表现出很大的弹性，同时结果也具有很大的未知性。关键是看经营者如何把握伴随着不确定性的风险与机遇。没有人可以将企业经营做到万无一失，而不须承担任何风险。企业就是在风险中得以成长和发展的，绝不能因为惧怕挫折和失败而错过发展的良机。

“不入虎穴，焉得虎子”。只有在风险中经营，才能获得最大的收益。白手起家的香港富豪冯景禧，一直秉持一种经营哲学：风险就是机会，正因为这样，他才能在险峻的事业道路上不断地取得成功。

20世纪50年代，朝鲜战争爆发。美国冻结了大陆在美的资产，又封锁了南中国海，实行海上禁运。英美沆瀣一气，罗湖桥边关成了不可逾越的国界。运往中国的物资，只能绕道澳门。当时的中国急缺大批物品，冯景禧瞄准了这个机会，暗自思索：若能从事炸药和医药的买卖，肯定能够大赚一笔钱，又可以救援大陆。他决定冒这个险。

开始时没有本钱，冯景禧只能帮着别人跑运输，等积攒了点钱之后，他租了条破船自己干了起来。那时这种生意非常危险，风险很大，但是可观的利润强烈地刺激着冯景禧。

终于冯景禧凭着特有的敏感和“不入虎穴，焉得虎子”的胆量，开始了在枪林弹雨中经商的生涯。虽然好几次差点丢了性命，但是他还是成了这场“战争”的幸运者，成功地掘到了第一桶金。

敢于想象，善于开拓，甘冒风险，是成功企业家的特征。

专家指点

人们往往认为，预见只是一个“视力”问题，其实，预见还有一个胆量的问题。有人见多识广，学识才艺很高，但遇到大事就糊涂，不敢正视，不敢预见。有的人循规蹈矩、按部就班、安于现状，对未来缺乏自信和胆略。只有智力超群、胆略过人的人，才敢于逾常规、冒风险，快速到达成功的彼岸。

预见要有自我否定的气魄

很多企业并非缺少新的构思和设计，“创造性”根本不成问题，但却没有落实，因为每个人都在为“昨天”的任务忙得晕头转向。

只有有计划、不间断地推陈出新，才能开创新的局面。只有不断创造新产品，企业才能做出更大的成绩来。

在经营管理方面，杜邦公司一向比世界上其他化学公司做得要好。一旦某种产品的销售开始出现下降的趋势，杜邦公司就会毫不犹豫地将其舍弃。公司决不会将其紧缺的人才、资金等资源投入到保卫昨天的那一套陈旧东西中去。然而，大多数其他企业的经营原则与杜邦的完全不同。他们会这样说：“只要将我们的产品经营好，市场总会有的。我们的公司就是靠此产品起家的，因此我们现在有责任让这一产品能在市场上维持下去。”

公司要有一个光辉的未来，决策者的眼光不应总停留在原来的经营原则上，而应着眼于未来，那样，决策才能体现发展和创新的内容，生产出来的产品才能符合市场需求，公司也才能长盛不衰。

美国有一家玩具制造公司，它的产品一直销路很好。在国际玩具界很有名气。可就在事业处于发展的鼎盛时期，却未能对市场变化作出正确的预测，而是在市场不断变化的形势面前惊慌失措，草率决策，酿成大错，导致辉煌了近半个世纪的公司破产。

1909年，一个叫艾尔弗雷德·卡尔顿·吉尔伯特的年轻人从美国耶鲁大学毕业后开始了闯荡世界的生涯，经过一番考察，他创立了米斯脱制造公司，专门从事积木生产。1916年，在事业小有所成之后，他以自己的名字命名，把这家公司更名为A·C·吉尔伯特公司。

在20世纪50年代，吉尔伯特公司一直稳居美国玩具制造业的前10名，年销售额超过1700万美元。它特别擅长制作科学玩具，如化学仪器、显微镜和工程积木等。当时，科普活动正在全美受到重视，因而吉尔伯特公司的科学玩具在小顾客中享有很高声誉，它的“美国快车”和大吊车曾为几代人——儿童和他们的父辈、祖辈所熟知。

1961年，吉尔伯特死后，其次子小吉尔伯特荣任公司董事会主席。在美国玩具行业，这个小吉尔伯特可是个举足轻重的人物，他曾连任1962年和1963年美国玩具生产协会的主席，是当时美国总统肯尼迪的密友。

20世纪60年代后期，高度的经济繁荣使玩具市场迅速增长。但这与吉尔伯特公司过去所熟悉的市场已有所不同，玩具市场正在发生巨大的变化。这些变化主要表现在：电视这一新的手段对玩具推销越来越重要，正日益取代产品目录和橱窗陈列的方式，这使得一种新玩具能够迅速变得广为人知；传统的玩具商店、趣味商店和百货商店正为自助式的高营业额超级市场和廉价商店所取代，那些新的经销商青睐的是包装美观、生动、定价低廉并且做过大量广告的玩具。

市场在迅速变化着，每一个企业都不得不巧妙地把握市场销售的脉搏，并且在一种产品被另一种新流行产品取代时，应力求避免大量的库存积压。而这家一帆风顺、实力雄厚的老牌公司却未对此产生警觉，也没有调整某些经营策略，企业领导人仍然自鸣得意、安于现状，没有丝毫危机感。

1961 年，吉尔伯特公司的销售额已从上一年的 1260 万美元下降到 1160 万美元，只获利润 2 万多美元。显然，公司正面临着严重的危机。而后，他们采取了一系列的措施，都没有取得预期的效果，吉尔伯特公司最终破产了。

海尔集团董事局主席张瑞敏说："赶在别人否定之前先自己否定自己。因为市场处在不断变化之中，所以海尔人认为创新的成果都是暂时的、相对的，今天的成果明天不一定是成果。你不自己打倒自己的产品，就会被别人打倒，而与其让别人打倒，不如自己先打倒自己。只有不断地自己打倒自己，才能在市场上永远不被打倒。其实当一个人的成果受到市场欢迎的时候，就说明自己很快要被别人超越了。既然如此，从成果出来的那一天起，你就只有自己否定自己，再开发一个更新更好的产品。"

企业应该根据环境的变化，不断对自身的行为作出相应调整，从而使企业在运动中生存、发展和壮大。不断满足消费者的需求是当今企业生存与发展的唯一出路。这就要求企业必须在坚持将目光放长远，长期关注客户的需要，仔细研究市场需求。这样才能从根本上克服"近视"，避免经营失误，使企业获得长期的生存与发展。一个企业要想不断发展，就应及时把握未来环境的变化趋势，将社会未来所要提出的需求作为企业的商品开发出来。

创新就是吐故纳新，推陈出新，不断改进，持续超越。只有不断创新，企业才能适应环境的变化，顺应市场的要求，才能在竞争中加速发展，在变革中充满活力。

专家指点

企业经营者的任务，不是花费太多的时间、精力和智力为已经过去的一些行动和决策做修补工作，而是要把资源投入到创造未来新产品中去。任何企业都应有一种危机意识：与其让别人迫使自己的产品被淘汰，不如自己淘汰自己的产品。只有主动适应市场变化，才能获得市场竞争的主导权。

第三章　预见障碍
企业成功的捷径

预见要立足眼前顾及长远

只顾眼前是预见的大忌。眼光短浅的企业，总是抱着能捞一把就捞一把的想法，这样，不可能获得最有价值的长远利益。急功近利的企业，只会看到眼前小利，而忽略了以后可能出现的隐患。

1997 年 8 月 6 日，计算机界传出了一个惊人的消息，微软公司的老板比尔・盖茨宣布，他要向陷入危机之中的苹果电脑公司注入资金 1.5 亿美元。消息一传出，计算机界无不为之惊愕，舆论一片哗然。

几乎所有的业内人士都知道，哪些年，微软与苹果一直是计算机市场上的重量级拳王，互为对手，在市场竞争中斗智斗勇，各逞风流。而随着业绩不佳，苹果公司虎落平阳，龙卧浅滩，昔日的王者风范已经逐步消退，再差一步就要被淘汰出局了。若微软再出重拳，肯定会将苹果逼到绝路。不过，微软非但没有这样做，而且还伸出手来主动拉苹果一把，着实让世人大吃一惊：微软的此番行为，到底所为何意呢？

说起苹果电脑公司，乃是一家大名鼎鼎的高科技企业，20年前，乔布斯和伙伴乌兹尼克在美国硅谷的一个破旧车库里，创立了引起电脑产业革命的苹果电脑公司。

乔布斯第一个将电脑定位为个人可以拥有的工具，就像汽车一样，可供每个人使用。这在那时可是破天荒的观念。对一般人而言，过去的大型电脑简直是一头巨型怪物，被供奉在电脑中心的冷气房里，被精心保护着，只有少数受过专业训练的人才可以接近并利用它来做点事。

乔布斯基于自己的想法，推出供个人使用的苹果电脑，从而引起了电脑迷的重视，尤其是苹果所开发的麦金托什软件，更是一件异想天开的划时代之作，它开创了在屏幕上以图案和符号呈现操作系统的先河，大大方便了使用，是软件业的革命性突破。

靠着这些制胜法宝，苹果公司刚刚诞生便一鸣惊人，它的销售业绩连年递增。经营规模不断扩大，企业实力迅速增加，它在个人电脑市场的占有率曾一度超越老牌巨人IBM公司。为此，苹果公司大有傲视群雄的派头。

然而天有不测风云，进入20世纪90年代以后，电脑的网络化趋势越来越明显，全球互联网络成了家喻户晓的热门事物，许多电脑公司意识到，要抓住90年代的价值增长机会，就必须抓住时机及时地搭上互联网这趟快车。

实际上，这次机遇确实也造就了一大批电脑业界的后起之秀，如微软公司、网景公司等。这些电脑业的新秀充分利用网络化这一趋势，确定自身在某一方面的优势，从而站稳了脚跟并获得了迅速发展。苹果公司在这一大潮当中却反应迟缓，行动滞后，它的优势逐渐消失，市场占有率急剧萎缩，财务收支状况逐年恶化。1995年、

1996年连续处于亏损状态，数额竟高达数亿美元。

为了挽回昔日声誉，重现苹果雄风，苹果公司也做了诸多努力：1996年它曾宣布裁员计划，试图靠降低人员开支来降低经营成本，达到阻止经营恶化的目的；同时，苹果公司又频繁地更换企业领导人，甚至又请出了苹果公司的元勋乔布斯出任总裁，希望借此恢复苹果元气。

尽管如此，苹果的经营业绩仍然不尽如人意。昔日的王者之气已消失殆尽，苹果帝国处于风雨飘摇之中。

在苹果公司焦头烂额、度日如年之际，其对手微软公司突然伸出了援助之手，不仅让苹果公司深感意外，也让所有的业界人士迷惑不解。

真的有雪中送炭的救世主之说吗？毫无疑问，在尔虞我诈、你争我夺的资本市场竞争当中，是不可能出现这种奇迹的。尽管比尔·盖茨曾是苹果公司中的一员，曾参与过风靡一时的麦金托什的研制开发，但与自身的经济利益比较起来，这一份对苹果电脑的旧情无疑就显得分量太轻了。

盖茨不是什么普度众生的救世主，只是他能看到长远，不急功近利，他向苹果公司斥资1.5亿美元以帮助苹果渡过难关，是有自己长远打算的。

盖茨深知，“瘦死的骆驼比马大”。苹果作为一家辉煌一时的电脑霸主，虽然目前元气大伤，窘境连连，但是它的潜在实力不可低估。许多电脑公司也都在抓住苹果乏力的机会，纷纷提出与它合作的建议，如1996年苹果就与康柏、迪吉多等公司结成了联盟。微软公司的一些主要竞争对手如国际商用机器公司（IBM）、大智公司、太阳微软公司，特别是网景公司都在借助与苹果的合作来与微软帝国明争暗斗。当时世界上使用视窗软件的个人电脑已经达到85%，但微软公司仍不敢无视苹果与其他大软件公司的合作，它们一旦取得某种突破，则势必造成一定的市场冲击，影响到微软公司的经营业绩，若及早将苹果拉到微软一边就可以减小对微软的不利影响，从而提高微软公司的经营安全度。

微软和苹果合作，那么，两者操作系统软件相加就差不多占领了全部个人计算机市场。在这种情况下，微软和苹果的软件标准实际上成了整个行业的标准，别人只有跟着走的份儿了。并且，从另一方面来看，由于微软实力大大超过苹果，因此它也可以左右局势，不必担心受到苹果的牵制。

在网上浏览器方面，微软也一直心存不平。当初，由于判断稍慢，结果让网景公司捷足先登，占领了大部分市场。微软一直在暗中寻找机会，试图夺回自己在网络电脑方面的优势。这样，通过和苹果联手，微软公司可以将自己生产的因特网搜寻器附装在每一台苹果电脑的包装盒里，用户如欲用网景浏览器，得自己去买软件，自己安装，就极不方便了，这就为微软的因特网搜寻器增加了竞争获胜的筹码。

微软公司还考虑到，由于目前太阳微软系统、大智和 IBM 等公司在联手开发功能强大的程序语言，有意把它开发成继视窗之后未来网络电脑的标准操作软件。这将严重威胁到微软公司的视窗软件，这是微软公司最不愿意看到的前景。如果将苹果公司拉过来以后，微软公司就不怕其他软件公司的挑战了。

从以上分析我们可以看出。盖茨作出的对苹果公司注资的决策是有着深远战略意义的，其不是一项慈善行动，而是一项商业味极浓的竞争招数。事实上，微软公司的这项决策是一项先发制人的决策，通过出手援助困境中的苹果公司，微软公司较好地消除了竞争中的隐患，达到了保证经营活动长期稳定进行的目的。

人都有一个弱点，那就是容易犯急功近利的毛病，只看到眼前，不看到长远。有句名言："如果看不到脚尖以前的东西，下一步就该摔跤了。"的确，在日趋激烈的商业竞争中，如果没有长远的眼光，企业是很难顺利发展下去的。

专家指点

企业经营管理如同下棋一样，一般的棋手只能看到眼前一两步，而高明的棋手则能看到之后三五步甚至更多。在错综复杂的市场经济条件下，遇到困难要考虑周全，既立足当前又顾及长远，既考虑自己又想到对手。境界要高，心胸要宽，善待他人，利在其中。如此决策预见，何愁不得发展。

预见不要有急于求成的心态

有这样一个寓言故事。

以前，有几辆装着瓶瓶儿罐罐儿的马车，排成一溜儿，慢慢地向山下移动，下山的路又陡又险。训练有素的马匹几乎是用它的背托住全车的重量，阻止车轮的滚动，以确保货物的安全。

一匹马驹看到说：走路慢腾腾的，样子像只螃蟹！走得歪歪斜斜，不像一匹骏马。应该迈开大步才行，这样摇摇晃晃的，真是丢尽了马的脸。

“瞧我的。”马驹开始表演了，它挺直背，昂起头，拉起车子就朝山下跑，跑得像风一样。车子从后面逼上前来，撞在它的背上，磕碰它的两肋，它只顾放开脚步，尽情奔跑，一股劲儿往前冲。马车终于失控了，马驹和车子一起翻进了深沟。

训练有素的马，虽然速度慢了些，但它行进步伐稳重，确保了货物和自身的安全。而马驹不懂这些，它追求的是速度，而最终导致马车失控，使自己翻进了深沟，造成了重大损失。

在企业发展的进程中，速度非常重要。太慢了影响企业的进度，而太快了呢？也未必是好事。作为企业经营者对企业的发展速度要有所控制，既要快速发展又不能脱缰失控。

很多企业在发展的道路上，没有足够的耐力和毅力，急于求成，轻率行事，经常作出跨越式的预见。其结果，不但目标难以达到，而且还有可能付出惨重的代价，甚至导致公司破产。

美国安然公司曾经创造了一系列神话，在短短几年时间内迅速扩张成世界能源巨头。然而，就在它春风得意的时候，却瞬间从辉煌的顶点跌至万丈深渊。

安然高层管理者用种种手法掩盖了公司 130 亿美元的巨额债务，以致资不抵债，最终被迫破产。

安然的前身是一个小管道公司。从20世纪中后期开始，经过安然创始人、前CEO肯尼恩·莱和杰弗里·斯基林的锻造，迅速走上了全球化扩张道路。业务拓展至全球数十个国家和地区，发展成为一个以能源产业为主，同时涉足金融交易、投资、木材、广告、宽带等业务的综合型公司，2000年交易额高达1010亿美元。

表面的繁荣无法掩盖背后的危机。正是这种疯狂的扩张，使安然出现了130亿美元的负债，并使它看起来无往不胜的业务模式寿终正寝。

欲速则不达。安然想一口吃出个大胖子，最终栽在了自己的贪欲上。

快速成长是许多企业的理想。“跨越式发展”、“扩张”、“规模”、“多元化”成为一些企业家的口头禅，但是，渴望快速发展的企业却往往会遭遇种种问题和挫折。

东盛集团董事长郭家学，就“盲目扩张陷阱”谈了自己的感想：“这几天晚上我都睡不好。我反复在想一个问题，是不是前几年东盛扩张的速度太快了，是不是自己的虚荣心、求胜心太强了。一味地并购、争夺，无疑要消耗、占用企业大量流动资金。在过去长达10年的时间里，许多民营企业家，当然包括我在内，总体上是处于‘头脑发热’阶段，盲目追求企业发展‘大跃进’。很多大民营企业集团似乎都奔着‘500强’去做，出发点就是先做大再做强，再加上地方政府和金融机构的推动，导致了企业出现一系列发展问题。这次教训是深刻的。我觉得，作为民营企业应该用科学发展观来经营企业，不能盲目攀比。盲目攀比的结果只能是欲速则不达。”

常常听到一些企业家抱怨自己的企业发展得太慢，然而做企业不是发展得越快越好，而是适度为好。很多企业在发展的问题上作出脱离实际的预见，最终结果是耗费了人力物力，但目的没有达到。成长，快速的成长，是中国企业家的迫切追求，但要掌握发展的速度，最适当的速度才是企业发展的最佳速度。

专家指点

经营企业就像驾驶汽车，速度快了易失控，速度慢了会落伍，最佳方案是以自己能驾驭的速度去发展企业，而不是越快越好。经营企业不像百米赛跑那样靠的是爆发力，而是像一场马拉松竞赛，靠的是实力、耐力和智力。只有循序渐进朝着预期目标坚忍不拔地努力，才能脱颖而出。

感情倾向是企业预见的最大障碍

预见毕竟是人的行为，人的行为并不是像机器那样有节奏、有规律地运行，而是受个人情感倾向控制的。但是在预见的过程中，我们要尽量避免个人情感对预见的影响，尤其不要受个人情感影响而作出带有偏差甚至错误的预见。

企业经营者在作出一个决策的时候，往往会受个人情感的影响，比如一个项目是上马还是下马，会考虑自己的面子而不考虑客观情况的变化。由于受到这些情感性因素的作用，有时可能对一些企业产生激励作用而促进发展，有时也可能使企业的决策偏离理性而导致失败。

福特汽车公司的创始人福特是一个农民的儿子，他的汽车工业为什么能一下子就脱颖而出呢？因为他最了解美国的农村，美国农村地广人稀，需要农用客货两用车，那时候道路不太好，农民的文化水平又不太高，农民需要的是操作简单、坚固耐用、耐得住颠簸的汽车。1908年，他结合这个特点，生产出了操作简单、结实耐用、价格低廉的T型车。

福特开发的T型汽车，集中了当时最先进的技术，具备了十分优良的特点。而且伴随着生产技术的提高和汽车业规模经营的到来，福特T型汽车的销量不断提高，价格却不断下降，外国对这种汽车和对福特企业的赞扬声也是此起彼伏。由于它的声誉好，价格低廉，能够满足各阶层的需要，一时间，福特公司的T型车几乎垄断了汽车市场，对它的需要量一直不断上升。

福特汽车公司由此获得了很大的成功，福特对自己创造的这一产品产生了深厚的情感。

然而，第一次世界大战结束后，美国社会发生了变化。这一时期美国经历了很长一段时间的经济繁荣，居民的消费倾向从有用的就行，发展到对所用商品的内在品质要求越来越高，但是紧接着的就是消费倾向的细微变化，开始追求品质和品位了。

这时，美国另外一家主要的汽车生产商——通用汽车公司逐渐发展起来，它的市场占有率一度达到20%。通用汽车公司希望继续扩大它的市场占有份额，但是福特汽车公司的T型车实在是无懈可击，通用汽车公司只得采用另外的策略。通用汽车公司增加了产品系列和品种，使不同阶层的人士都能挑选自己喜欢的汽车，以适应不同的市场。新的车型一个接着一个地出现，先是雪佛兰汽车，接着是别克汽车，最后是凯迪拉克汽车。

对于通用汽车的竞争，福特一直采用不置可否的态度，他仍然坚持自己的那一套，认为顾客买车考虑的首要问题是自己的钱袋，而且T型车已经深入民心了，当然也深入到了福特的心中，福特对T型车的感情已经相当深厚，他无视这种变化，固执地坚持生产自己的黑色T型汽车。

因此，福特发挥自己工程师的专长，为降低T型汽车的成本而不遗余力。他在底特律附近的娄日河边建立了一个规模巨大的汽车制造厂，每天成本低廉的汽车源源不断地从汽车厂开出，为了降低汽车的成本，福特甚至考虑到能不能少上一个螺丝钉。然而，公众并没有领福特的情。他的低价位政策并没有吸引顾客，销量在日复一日地逐渐减少。

与此相反，通用汽车公司则继续采用已有的政策，它每隔两三年就改变自己汽车的样式，并允许顾客以赊欠的方式买车，而在福特看来这完全是歪门邪道，不是工业家所为，因为这样只能扩大生产成本。

在福特公司内部，许多经理也看到福特的偏执给公司带来的危害，但作为公司的创建者，对福特的策略当然是不能发生疑问的。福特也不允许这种想法冲撞他的经营理念。福特说："我们希望造出某种能永远用下去的机器，我们希望买了我们一件产品的人永远不需要再买另一件。我们决不会对T型车有损害的任何改进。"

他这样做的后果是公司销售业绩的不断下降。1927年，福特所有的24个工厂关闭6个月，以重新安排生产，但是关闭并不意味着福特在生产上的任何创新。1936年美国的三大汽车公司中，福特的销售量从第一落到第三。

福特的儿子把握住市场变化趋势，组织人力、物力研发出适应市场变化的新产品，但由于对黑色T型汽车的特殊情感，福特看不到市场的变化，也拒绝适应这种变化，他武断地否定了他儿子的努力，公开砸毁了由他儿子主持研发出来的一辆新型车，以示高效率生产单一汽车的决心。他的企业也为这一决策付出了惨重的代价，永久性地败给了通用汽车公司。从此远离了汽车行业的龙头地位。

如果不消除或扼制住这情感因素的作用，企业决策的制定者就不可避免地会发生失误，至少会造成决策的低质量。

企业经营者必须具备理智的态度、积极的心境，这样才能保证预见的科学性、实用性和可操作性。

专家指点

企业决策者的情感倾向，对企业决策预见在一定程度上既可以起增力的作用，又可以起减力的作用。因此，企业决策者要处理好情感倾向在预见中的作用。在预见的过程中，如果把个人情感放到了不应有的高度，就会作出背离企业根本利益的预见。

切忌仅凭着直觉来预见未来

预见是一种理性的推测，而不是一时的头脑发热，不能仅凭着直觉来预见未来。在预见的过程中，很多人特别重视直觉，毫无疑问，根据不同的人、不同的事和不同的场合，预见者拥有直觉如果运用得好也是件好事情。

比如，美国的巴顿将军就是以他的快速决策而著称的。他的许多决策看似出于本能，出于直觉，而且都是闪电式的。人们都说这归功于他的第六感觉，甚至认为是因为他的第六感觉很少欺骗他。他所做的“闪电决策”几乎都是正确的，这对他在第二次世界大战中指挥美国第三坦克部队在欧洲取得胜利起了关键性的作用。

巴顿将军那些看似依赖直觉的“闪电决策”并非归功于他的天分，而是他刻苦工作的结果，是他拥有丰富的专业知识的结果，也是他对如何指挥好一支坦克部队这个问题毕生探寻的结果。

那些成功的决策者，在预见时，往往是十分重视利用他们的直觉的，但同时，他们也会对直觉进行谨慎的判断。因为直觉对一个预见者来说犹如一把双刃剑，既有可能帮助他获得成功，也有可能导致他惨遭失败。成功的预见者在为自己敏锐的直觉感到自豪和欣慰的同时，也应对直觉保持清醒的认识和高度警惕。

直觉决策有很大的局限性：一是他们的直觉未必“百发百中”，未必所有的直觉判断都是正确的，很多曾经辉煌一时的企业家最后就败在他的一个错误判断上；二是即使他的判断是正确的，但这只是方向上的正确，在投资成本、利润及风险等细节上仍需要理性的论证和计算。有些决策者不喜欢做细节上的工作，决策常常带有浪漫色彩，完全是理想化的。

直觉虽然在决策时不可避免地存在着，并有一定的可行性和实用性，但如果决策者只因一时的激情，单纯依赖自身的直觉感应，必然使得决策充满盲目性，失败的结果也更是在所难免。

美国泛美航空公司的艾克尔，就是一个全凭直觉而不是根据市场的要求来决策的当家人，在他的决策下，使得泛美公司在泥潭里越陷越深。

美国泛美航空公司创建于 1927 年。到 1980 年初已成为全美第三大航空公司，航线遍及五大洲 50 多个国家的 100 多个城市。泛美航空公司是美国一家航线最广、历史最久的航空公司，它是美国国家航运业的化身。然而好景不长，从 20 世纪 80 年代开始，它就一步一步地走向“破产”的深渊。

20 世纪 70 年代末期，世界航空业竞争日益激烈，加上世界经济不景气，交通量减少以及燃料价格上涨等原因，泛美航空公司陷入了财政困难。仅 1981 年到 1982 年间，泛美航空公司营业额累计亏损就达 10 亿美元之巨。由于处境日趋恶化，该公司总经理引咎辞职。

1982 年，艾克尔出任泛美航空公司总裁，他并没有能挽救危难之中的泛美航空公司。相反，他在选择飞机机型上，仅凭自我知觉，结果错选了机型使泛美公司竞争力受损。

当时，泛美航空公司需要着手淘汰机队中陈旧而且费油的波音 707 客机。艾克尔仅在直观上进行了粗略的比较，就选择了美国洛克希德公司生产的 L1105-500 型三引擎宽体飞机。这种飞机单位飞行成本无论在油耗还是员工费用上都比竞争对手那些新型飞机高，泛美航空公司的竞争力因此大打折扣。

更不幸的是，不久洛克希德公司宣布停止制造 L1105

的各型飞机。泛美航空公司的 L1105-500 型飞机的维修立即成为难题，没过几年，这种飞机就成为一堆废铁。

泛美航空公司为了争夺国内航线，领导层又投资购买了国家航空公司，这样又带进了一批 DC10-30 型飞机。为了使公司现代化，艾克尔不惜花 10 亿美元巨款购买了西欧空中客车公司制造的 A300 型飞机，同时，又出售和交换了一批飞机。这样，公司共拥有 5 个厂家生产的十多个机种。这正是经营航空业的大忌，因为繁杂的机种，使航空公司的培训、零部件的储备、引擎的维修以及机场管理等负担加重，无形地增加了飞行成本。

由于公司机型复杂，飞行成本偏高，泛美航空公司完全丧失了竞争能力，最后走上了失败之路。

泛美航空公司的不幸，完全是由于他们没有根据市场的要求，只凭直觉决策造成的，它使泛美航空公司在泥潭里越陷越深。

单纯依赖自身的直觉感应，必然使得决策风险增大，失败也就在所难免。

企业决策的完整过程，包括决策前期的准备工作，设置决策目标、拟定与选择决策方案以及方案的执行与检查等许多方面。在企业的重大决策中，往往要用大量的人力、物力，花费很多时间才能够完成的。但有些企业在进行决策时，常常是领导拍拍脑袋就定下来了。他决策的依据不是客观的市场调查报告、科学的理论原则以及在此基础上对市场未来趋势所作出的正确预测，而是感觉、直觉。

决策者要正确看待直觉在制定决策时所起的作用，在作决策时要根据企业实际和市场行情，将直觉与经营数据客观地融合在一起。同时，还要将种种市场信息的理性分析、科学论断进行有机结合，力求做到决策客观到位，使决策的有效率和成功率升至最高点。

SAP 大中国区总裁克劳斯·西曼曾这样说过：世界上许多优秀的音乐家同时也是不错的数学家，是感性和理性的有机结合体。当我们在听一曲音乐四重奏的时候，演奏者的理性表现，即他技巧的完美只是基础。他还必须对音乐有独到的感觉，将自己的热情传达出来，才能真正打动人。同样，企业领导人需要同时运用头脑和心灵，将理性决策和直觉决策水乳交融在一起，和谐地弹奏出一曲决策的四重奏，才能确保战略和战术的有机结合。

一个成功的高水平的决策，无一不是决策者理性与感性的良好结合体；反之，决策者付出的代价就大了。不客气地说，如果决策者用单凭直觉所制定的决策去发展企业，那么，无疑等于闭着眼睛驾赛车，撞到山上算倒霉，撞不到山上算运气。

专家指点

智慧的企业经营者作预见时，往往是既重视直觉给自己带来的启发和冲动，但又从来不完全依赖“直觉”，而是理性地用事实来检验看法。因此，企业经营者在直觉给自己带来灵感和冲动时，一定要用理性来支撑自己，两者紧密结合，才能够使预见更接近实际，更易于实现。

不要被过去的经验绊住了手脚

《金融时报》曾对世界500强企业的CEO作过一个调查，他们中有98.72%的人认为，企业的破产与管理者固守旧有的经验有关。从这份调查报告中不难看出，尽管经验是公司或企业求得发展的一个重要因素，但是企业经营者决不能被经验所左右。

对于经验，经营者必须有一个正确的态度。首先，经营者在管理中应当重视经验。因为经验是人们对以往成败得失的总结，凝聚着成功者的智慧和汗水，也积聚着对失败者的警告和提醒。所以，正确地看待经验有助于获得更大的成功。然而，经验不是灵丹妙药，以前的经验只能说明在某个特定时间对某些特定对象或某种管理方法是行之有效的。但你不能总是保持着老一套的做法而不加改变，相反，你应当随着客观条件的变化而有所变化。

有些经营者过分地依赖书本经验。当然，多用书本上的经验无可非议，但是有一种做法是不可取的，即喜欢把书本上的东西生搬硬套于现实中，而不是根据实际情况加以变通、活学活用。所以，这种管理方式往往会失败。经营者一定要明白，光靠理论无法赚钱，过分迷信书本，墨守成规，结果经常会使赚钱的机会白白溜走。

彼得·德鲁克对书本经验有着自己的理解："大多的学问和知识有时会变成一种包袱，反而限制人的才干。这些人在做一件事之前，先会仔细地算一算，如果认为不合算便会放弃。实际上这就放弃了以后发大财的机会。”这里，彼得·德鲁克的意思并不是说经营者在实施管理时可以丝毫不考虑经验的因素，他想说的是经营者应当让经验推动自己的工作而不是束缚他们的手脚。无独有偶，《华尔街日报》对世界500强企业的CEO做了一个知识与创造的调查，93.52%的人认为：太有学问的人往往思想过于正统，很难接受和容纳现代的商业意识，他们一直为知识所束缚，因而无法根据现实中的具体情况加以变通。

伴随着世界经济一体化的趋势，许多不确定的因素随之而来。经营者若想在竞争中脱颖而出，首先要具备一定的学识，但绝不可以照搬照抄。美国汽车大王亨利·福特是这一方面的典范，福特虽然没有受过什么学府式的传统教育，但也绝不像某些媒体说的那样是个“不学无术”的人。当有些人试图用一些书本上的理论问题刁难福特时，他回答道：“如果我只是一个善于回答问题的家伙，我怎么会有今天的成就！你要的答案，我手下的任何一个人都可以给你一个圆满的答复。”

从亨利·福特的话中可以看出，经营公司或企业不是在回答问题，也不是在应付考试，即使满腹经纶也未必能取得优异的成绩。

哈罗德·昆茨在其《领导决策学》一书中提出了知识与创造的关系：“知识固然重要，然而，光凭知识去经商，完全照搬书本上的知识也是行不通的。其实，真正的学问应当是一套求生的方法，而书本上的知识反而成为次要的了。”有些经营者在管理过程中，他们整天套用书本上的说法，动辄便说“某某说过”、“根据某某理论”等。尤其是对一些经典的管理理论，有些管理者如获至宝，潜心研读，认为只要掌握了它们，就可以高枕无忧、轻松迈向成功了。其实这种想法大错特错。虽然经验是重要的，但是实践比经验更加重要。在管理的过程中，经营者必须勇于实践，勤于实践，灵活运用自己现有的经验，决定公司或企业的发展，这才是上策。

古今中外的企业家为经营者提供了许多成功的经验，这些经验只供经营者借鉴。甚至，经营者自身总结的经验也要谨慎应用，因为环境是在变化的。迷信别人是不对的，迷信自己也是不对的，要根据环境的变化来作出判断。

1872年，美国人沃德在芝加哥成立了沃德公司，这是全美第一家全部通过邮寄来销售各种商品的商店。公司面向农村的消费者，业务发展很快。到1929年年底，开设了500家商店，而此时美国最大的零售连锁商西尔斯公司也不过才324家店面。

1929年至1932年，第一次世界大战后美国发生了严重的经济危机，一切都变得不景气。沃德公司也受到了巨大的冲击，顾客稀少，业务难以维持，陷入了奄奄一息的境地。到1931年，公司亏损了870万美元。

1932年，休厄尔·埃弗里担任董事长，他改变了策略。他在沃德商店增加高档商品，进入时髦商品市场，关闭了70家亏损商店，埃弗里成功了。12年后，他扭亏为盈，盈利2000万美元。

正在沃德公司事业蒸蒸日上时，发生了第二次世界大战。埃弗里的“聪明脑袋”犯了经验主义错误，第一次世界大战后发生过萧条，所以他认为第二次世界大战也会发生萧条，并预言“经济形势的恶化将是我们始料不及的”。因此，第二次世界大战后，埃弗里采取了袖手旁观的态度，作出了停止发展的决策。

但埃弗里失算了，他预言的第二次世界大战后的大萧条并没有发生。相反，由于战争后人口的增长主要集中在大城市。居民购买日常生活用品的数量急剧增加，造成了零售商店的明显短缺。

面对这一购买方式发生的重大变化，沃德公司的竞争对手西尔斯公司敏锐地抓住了这一扩大自己实力的大好机会，不断扩张。

第二次世界大战后的市场环境按理给沃德公司提供了很好的发展机遇，但埃弗里只考虑眼前的利益，惧怕风险。这期间，他不仅没有开设一家商店，反而关闭了多家商店。

西尔斯公司不断扩张，沃德公司拱手将市场让给了自己的竞争对手。由于沃德公司奉行“捏紧每一个便士”的经营哲学，公司最后一步一步走到了面临倒闭的绝境。

沃德公司由盛转衰的主要原因，就是公司的决策者犯了一个经验主义和教条主义的错误。经验决策具有重复性、表面性和局限性的特点，如果决策者墨守成规，过分迷信自己或别人的成功经验，不根据客观现实创新和应变，这样势必在竞争的惊涛骇浪中被冲垮。

一句话：不要轻视经验，也不要固守经验。不可否认，经验对于商业主体的决策者有一定的指导意义，不能因为某些原因而贬低和轻视经验的作用，但是同样也不能固守经验，要根据外部环境的变化而变化。

专家指点

经验是某个特定时期管理理念和管理实践相结合的产物，是促进商业主体高效发展的一个重要因素，但经验往往不是放之四海而皆准的真理，每一个商业主体都有自己独特的经营模式和文化，每一个阶段都有它的时代特征。因此，经营者在借鉴经验的时候，千万不要照搬照抄，原封不动地拿过来就用。

不要在犹豫不决中丧失良机

优秀的经营者必备的基本素质之一就是当机立断，凡是自己认定的事情应立即行动。然而在实际工作中，并不是每个经营者都能当机立断地把握机会。有些经营者往往瞻前顾后，患得患失，当断不断，进而错失良机。

有一个以“电脑巨人”的美称闻名于世的企业家，在他 6 岁时，发生了一件影响了他一生的事。

一天他外出玩耍，经过一棵大树时，突然有一个鸟巢掉在他的头上，里面滚出了一只嗷嗷待哺的小麻雀。他决定把它带回去喂养，便连同鸟巢一起带回了家。但到了家门口，忽然想起妈妈不允许他在家养小动物。他便不敢把小麻雀带回屋里去，犹豫了一下，他决定把小麻雀放在门后边，然后走进屋里请求妈妈，在他的哀求下妈妈破例答应了他。

他兴奋地跑到门后边，不料小麻雀已经不见了。这时，只见一只黑猫正在意犹未尽地用舌头舔着嘴巴。

这件事给他幼小的心灵留下了深深的创伤，从此，他明白了一个道理，也记取了一个教训：凡事必须当机立断，立即行动，不能瞻前顾后、犹豫不决。只要是自己认定的事情，就迅速作出决策。他说："犹豫不决固然可以免去一些做错事的机会，但也失去了成功的机遇。"

在我国历史上有个著名的事件，给我们充分展示了在紧急关头必须当机立断的深刻道理。

唐高祖李渊有四个儿子。长子建成，次子世民，三子玄霸（早亡），四子元吉。按照封建宗法制度，唐高祖立建成为太子（皇位继承人），又封世民为秦王，封元吉为齐王。

太子建成常住长安城，在唐高祖身边协助处理国家大事，秦王李世民则常在外面带兵打仗，战功卓著。

李世民不但有勇有谋，而且手下有一批人才。在秦王府中，文的有房玄龄、杜如晦等，号称"十八学士"；武的有尉迟敬德、秦叔宝、程咬金等著名勇将。太子建成担心秦王世民威胁自己的皇位，就和齐王元吉一起千方百计地要削弱和除掉李世民。

武德九年（公元626年），突厥入侵，太子荐齐王元吉代替世民督军北征，并调秦王集团的尉迟敬德等同行，又挑选秦王帐下的精锐士卒去充实元吉的军队。临出征前，太子东宫的王蛏暗中向世民告密说："太子和齐王商量，待太子和秦王在昆明池给齐王饯行时，派壮士把秦王拉出去杀于帐下，同时杀掉尉迟敬德等人。"

李世民决定在危急时刻背水一战，先发制人，立刻派一千余人于深夜埋伏在玄武门内外。

第二天早上，太子和齐王骑着马，带领卫士进入玄武门。在他们登上临湖殿时，发现埋伏着秦王的部队，连忙返身奔向玄武门，但玄武门已经紧紧关闭，即刻伏兵尽起，杀死了太子和齐王。

数日后，唐高祖李渊立李世民为皇太子，并向朝臣宣布："自今以后，国家大小诸事，都交由太子处理，然后奏给我知道。"从此，李世民掌握了皇帝的一切权力，第二年正式登基。

李世民的最大优点是，在危机和关键时刻，能当机立断、先发制人。如果他犹豫不决，也许尸横玄武门前的就不是建成、元吉，而是他自己了。李世民当断则断，成就了一代霸业，开拓了前无古人的"贞观之治"。

机会转瞬即逝，成功是一个普通人抓住机会之后的收获。优柔寡断只会耽误事情，果断才能成就一个人和一个企业。

下面这个故事，你是不是也似曾经历呢？

你经过细致深入的市场调查和分析后，认为一个项目很有开发潜力。尽管其风险较大，但依你现有的经济实力，完全有能力承受。

别人都认为这个项目值得一做。尽管如此，你仍因对其没有十足的把握，顾虑再三，决定把实施方案再压一压，再进一步看看市场需求动态，最好能等万事俱备时再施行。焦急的下属们再三催促，你仍是紧握主动权，按兵不动，举棋不定。过了一段时间，当你觉得从前所担心的许多风险已然成为市场云烟时，终于作出了经营这一项目的决策。可惜的是，你的决策实施到一半的时候，这一项目的市场就被你的对手抢先一步完全占领了，并因此声名大作，而你只有顿足叹惜。

对于经营者而言，即使决策正确，但机会错过了，会使决策效果大打折扣，甚至是毫无意义。

经营者面对良机应当机立断，果敢地及时地作出有利于自我的决策。如何及时地抓住良机呢？一是决策者必须有迅速作出判断的能力和选择的能力；二是决策者要有敢于对事情后果负责的勇气和魄力。请看下面故事。

1983年，时任中国光大实业公司董事长的王光英抓住旁人忽视的信息，购进1500辆二手车，为国家节省开支2500万美元。

有一天，王光英看到手下的工作人员呈上的一份报告。该报告称：智利一家倒闭的铜矿急于还债，需要处理一批二手车。这批汽车是倒闭之前矿主为了加大工程进度采购的名牌车，总数为1500辆。

王光英一拍大腿，认为机会来了。他火速派人与矿山老板取得了联系，表示了买车的意愿。与此同时，一个由光大实业公司组成的专家与工作人员派遣组马上成立。出行前，王董事长又告诉他们，要有勇气，要相信自己的判断力，不要事事请示，只要你们认为车好价格好，立即拍板成交。他诙谐地引用了中国一句古语："将在外，军令有所不受。"

这位矿主虽说已破产，可他对即将出手的1500辆车保护得令人感动。这些卡车载重7吨到30吨不等。矿主包租了一个体育场，将这些车整整齐齐地摆放在那里，而且他让工人将所有的车都细心地涂抹了防锈油。专家组成员看到这些车时，不禁齐声赞叹。他们一丝不苟地验车，各项指标确实令人满意。

矿主还债心切，对于这批来自中国的采购专家非常热情并告诉专家，这些车停在体育场，还雇了警卫人员看守，以防有人盗车。在紧张地讨价还价之后，矿主与光大实业公司专家组达成了以原价三七折的价格成交。在王光英董事长成功运筹下，购进1500辆二手车为国家节省了开支2500万美元。

就在专家组与矿主达成协议，1500辆车属于光大实业公司之后，一位美国企业家也到达了智利，但他确实晚了一步。这位企业家对中国专家组的人讲道：请把这些车转卖给我吧。我给你们300万美元报酬。这时，王光英董事长已向专家组下达了另一项命令：马上将车监运回国，分别抵达上海港、青岛港、天津港。这令那位与智利同处西半球的美国企业家痛惜不已，眼巴巴地望着这批崭新的二手车由巨轮运往中国。

王光英的这次果敢决策，为国家节省了一大笔开支。试想，要是他面对信息反应迟钝，犹豫不决，瞻前顾后，购买那批车的机会肯定就被那位美国企业家捷足先登了，2500 万美元也就进了别人的腰包。

在瞬息万变的经济活动中，机遇、信息稍纵即逝，在该作出决定时不能优柔寡断。然而在实际工作中，并不是每一个经营者都能做到这一点。一个成功的企业家说："资历好的管理者实在很多，但都缺乏一个非常重要的成功因素，那就是果断性。"

利用信息做生意，最重要的是具有对信息高度的敏感性，能对掌握的信息快速地作出反应和决断，从而不致使商机贻误。决策者不但要搜集高质量的信息，更应该增强运用信息的意识和能力，以加快变信息为财富的速度。这将决定一个企业的兴衰成败。

专家指点

果断性是一个经营者适时合理地进行判断，果敢快速地采取行动的可贵品质。决策者需要当机立断，否则，只会贻误良机，最终一无所获。面对信息反应迟钝，犹豫不决、优柔寡断，是企业经营者作决策预见时的大忌，是企业持续发展的大忌。

处处留心观察就能捕到商机

在市场经济条件下，能使企业大获全胜的信息，往往存在于人们认为不可能有信息的地方。所以，在生活中要处处留心，仔细观察，就能发现有用信息。

现代商人大都重视对信息资源的收集、开发和利用，甚至不惜投入巨大的人力、物力、财力。但是有时候，容易出现偏差，对近在身边的信息，常常视而不见，有时就让它轻易地擦肩而过。如果对于近在身边的机会，只要稍加留意，要比刻意去寻找、搜集更直接，可以省下大量的精力、时间和金钱。

1996年圣诞节前夕，美国曼尔登公司的一位经理从芝加哥去旧金山进行市场调查。在火车上，一位身穿圣诞节礼服的女郎格外引人注目，同车的少女甚至中年妇女都目不转睛地看着她那件礼服，有的妇女还特地走过去打听这件礼服是从哪里买到的。这位经理看在眼里，灵机一动，觉得有一笔赚钱的生意可做了。

当时已是12月18日，离圣诞节仅剩一周时间，圣诞节礼服在这段时间一定是热门货，在一个火车上就有那么多妇女喜欢那位女郎的金装圣诞节礼服，推而广之，整个美国该是多么庞大的市场！于是他非常礼貌地向那位女郎提出拍张照片作为留念的请求，那位女郎欣然应允。拍完照片后，那位经理便中途下车，向公司发出传真电报，要求公司务必在12月23日前向市场推出1万套这种服装。

曼尔登公司接到经理的传真电报后，立即召集公司的设计师，按传真过来的服装照片式样设计，并于当晚23点25分，向所属的服装加工厂下达投料生产指令，以最快的速度，日夜加班，生产出1万套“圣诞节金装女郎礼服”。

12月22日下午2点，1万套“圣诞节金装女郎”礼服同时出现在曼尔登公司的几个铺面，立即引起妇女们的兴趣，她们争先恐后地购买，到12月25日下午4点，1万套“金装女郎礼服”除留下2套作为公司保留的样品，1套赠给火车上那位女郎外，全部销售一空，公司纯赚100万美元。

“金装女郎礼服”成功的经验说明，经营者必须善于观察日常生活，捕捉市场信息，把握市场真谛，发掘赚钱机会。

1990年9月，山东省夏津县工艺美术公司经理宋成海在法国考察时，在一家公司看到一块仿干花涤纶花布样品。他感到很奇怪，便向主人打听为什么仿干花。主人告诉他，仿真花尽管鲜艳夺目，但流行了十多年，人们已普遍感到厌腻。从产品销售量看，仿枯萎的干花有在西方流行的趋势。主人一句无意的话，引起宋经理的思考。他联想起几年来人造鲜花订货量每况愈下的情景，意识到人造花市场正在发生着变化。这种仿干花布不正是一条产品更新的绝好信息吗？

回国后，他凭着记忆立即组织设计人员进行研究。经过5个月的日夜苦战，设计出几十种仿干花涤纶花布样品。结果，该产品一拿到1991年春季广交会上，便格外引人注目。意大利、法国、荷兰、比利时等国外客商争相订货，订货额达250万元，成为全国同行业订货量最大的厂家。

这件事告诉我们，灵感就在生活中，只要我们处处留意，它们就能给我们带来财富。

金娜娇是京都龙衣凤裙集团公司总经理，下辖9个实力雄厚的企业，总资产已超过亿元。她的传奇人生不仅在于她是由一名曾经遁入空门、卧于青灯古佛之旁、皈依释家的尼姑转而涉足商界，而且还在于她对信息的敏锐性和对商机的捕捉能力。

也许正是这种独特的经历，才使她能从中国传统古典中寻找到契机；也许又是她那种敏锐性和“打破沙锅问（纹）到底”的精神才使她抓住了一次又一次创业机遇。

1985年9月，金娜娇代表新街服装集团公司在上海举行了隆重的新闻发布会，在返回南昌的列车上，她获得了一条不可多得的信息。

在与同车厢乘客的闲聊中，金娜娇无意中得知清朝末年一位员外的夫人有一身衣裙，分别用白色和天蓝色真丝缝制，白色上衣绣了100条大小不同、形态各异的金龙，长裙上绣了100只色彩绚烂、展翅欲飞的凤凰，被称为“龙衣凤裙”。金娜娇听后欣喜若狂，一打听，得知那位员外夫人依然健在，那套龙衣凤裙仍珍藏在她的身边。经询问，金娜娇得到了“员外夫人”的详细住址。

金娜娇马上决定中途下车，然后马不停蹄地找到那位年近百岁的员外夫人。作为时装专家，当金娜娇看到那套色泽艳丽、精工绣制的龙衣凤裙时，也被惊呆了。她敏锐地觉察到这种款式的服装大有潜力可挖。

于是，金娜娇来了个“海底捞月”，毫不犹豫地以5万元的高价买下这套稀世罕见的衣裙。要知道，当时5万元可是一笔巨款！机会抓到了，良好的开端是成功的一半。

把机遇变为现实的关键在于开发出新式服装。回到厂里，金娜娇立即选取上等丝绸面料，聘请苏绣、湘绣工人，在那套龙衣凤裙的款式上融进现代时装的风韵。功夫不负有心人，历时一年，设计试制成当代的龙衣凤裙。

在广交会的时装展览会上，“龙衣凤裙”一炮打响，国内外客商潮水般涌来订货，订货额高达1亿元。

这样一个意外的消息对一般人而言，顶多不过是茶余饭后的谈资罢了，有谁会想到那件旧衣服还有多大的商业价值呢？知道那件“龙衣凤裙”的人肯定不在少数，但为什么只有金娜娇才与之有缘呢？用上帝偏爱金娜娇来解释显然是不足以说明问题的，只是金娜娇比别人多了一点留心和敏感而已。在现实生活中，处处留心皆信息；如果能得到它，财富就会滚滚来。

专家指点

企业经营者要从身边的信息中挖出“金子”，就要养成处处留心观察的习惯。在平日里多加留心身边的各种事物，培养自己的觉察力，不然，即使身边有能让你致富的信息，也会与你擦肩而过的。如果有了信息而不对它进行分析研究，那么信息始终只是一些粗略的表面现象，你也无法触及到它的实质，无法将其转化成财富。

预见未来过度自信要不得

作为企业经营者，在预见问题上最容易犯的错误就是过度自信，想法过于浪漫。

过度自信能使决策者造成重大失误，甚至造成难以挽回的损失。约翰逊的过度自信造成了美国20世纪60年代陷入了越南战争的泥潭；尼克·里森的过度自信造成了百年巴林银行的倒闭，可以说过度自信是人类理性决策的最大敌人。

在决策和预见的时候，没有什么比过度自信更普遍，也更富有潜在的灾难性。可以回想一下，当我们被要求回答某件事情发生的正确概率时，是不是都会倾向于过度乐观。我们做营销策划的时候，会高估产品的市场占有率；投资项目的时候，会低估项目的成本和完成期限；做投资组合设计的时候，会高估其投资收益。研究发现，当人们65%到70%确信自己的答案时，实际上只有50%的可信度；当人们100%确信时，其实只有70%多一点的可信度。人们总是在高估自己的想法。

企业家普遍相信自己的能力高于其竞争对手，这种对自己能力的过度自信导致企业家过早地进入商业竞争。日本的雅马哈公司就是在没有经过充分的力量对比论证的情况下，贸然向本田公司发起进攻，最后造成巨大损失的。

20世纪70年代末80年代初，雅马哈摩托车公司进入了自己的黄金时代。经过几十年的辛勤耕耘，雅马哈摩托车以其快速、便捷、优质的信誉赢得了广大市场。

随着自身实力的增强，雅马哈摩托车公司也越来越按捺不住想做世界最强者的心愿。于是它向当时的行业老大——本田公司发起了挑战。这就是当时举世瞩目的雅马哈与本田的所谓王位之争。这场决斗曾震动整个实业界，两家公司斗得天昏地暗，被后人评论为“近代日本工业领域中最残酷的一次商战”。

20 世纪 50 年代以来，日本摩托车行业开始进入群雄争霸的时代。最初的行业霸主是东菱公司。进入 60 年代以后，本田经过苦心经营，实力日益壮大，到 1964 年，本田公司一跃成为摩托车行业的领导厂商。

到了 70 年代，日本的摩托车市场基本上是四分天下，依次是本田公司、雅马哈公司、铃木公司和川崎公司。其中本田在日本本土的占有率高达 85%，稳居宝座。

就在 60 年代末和 70 年代初，伴随着经济的发展，汽车的普及率在不断提高。为了适应消费者需求的这种变化，实力超群的本田公司当然不会放过这一历史机遇，决定开拓新的产品生产线，向汽车市场进军。

就在本田公司致力于汽车生产，无暇顾及摩托车业务时，原来居于摩托车行业排行老二的雅马哈公司认为摆脱老二帽子的机会来了。于是，它不惜一切代价积极拓展摩托车市场，向本田公司发起了挑战。

在雅马哈公司的猛烈攻势下，本田公司有段时间确曾节节败退，市场日益缩小。1970 年，本田摩托的销售额以 3∶1 领先于雅马哈摩托车。到 1979 年时，本田的摩托车销售额一直没有增加。雅马哈公司则将本田公司领先的程度从3：1降到了1.4：1。在1970年年初，雅马哈只有18种车型，本田有35种。到1981年年初，双方同有63种车型。雅马哈的市场占有率已与本田不相上下。

在最初的交锋中，雅马哈公司总经理日朝智子宣称：雅马哈公司很快将建成一座年产100万台机车的新工厂，这个工厂建成后，将使雅马哈摩托车总产量提高到每年400万台，超过本田公司20万台 到那时，本田公司不得不将它端坐摩托车行业第一把交椅的位置让出来。

尽管雅马哈公司雄心勃勃，而且初战战绩不菲，然而本田毕竟是行业老大，且在世界摩托车市场也称雄几十年了，岂能容得下雅马哈咄咄逼人的攻势！面对雅马哈的强大攻势，本田怎会善罢甘休？早在1978年，本田的董事长发誓说："只要我当社长一天，本田就永远是第一。"

1982年1月，当雅马哈公司挑战性的言论传到本田公司的决策者耳朵里后。本田公司的决策者迅速作出反应：即要在雅马哈公司新厂建成之时，以迅雷不及掩耳之势给予反击，打掉它们的嚣张气焰。

一场被誉为日本工业领域中最残酷的商战就这样打响了！

商战序幕刚一拉开，本田就依仗其雄厚的实力给雅马哈公司以致命的一击。它一方面采取大幅度降价的策略同雅马哈争夺顾客，同时又大幅度增加促销费用和销售点，以在传媒和销售方面向雅马哈发起全面进攻。

价格上竞争的残酷性实在难以想像。在竞争最激烈时，一般车型摩托车的零售价，降价幅度都超过1/3，以至于一部50公升的本田摩托车价格比一辆十挡变速的自行车还便宜。如此杀价对于本田来讲，尽管损失了大块利润，由于它本身块头很大，加上它除了摩托车生产外，还有汽车可以撑持，特别是20世纪80年代初汽车销售稳步上升，"东方不亮西方亮"，它还可以通过汽车的盈利来弥补摩托车价格战的损失，最终达到打击雅马哈、扩大本公司市场份额的目的。

但这对雅马哈公司来讲，日子可不好过了。由于它只是一个专业的摩托车生产厂商。它的生存完全依赖摩托车，而且它在投资建厂后造成资金占用，其结果必然是雅马哈公司最后会招架不住。

本田公司采取的另一策略是加快产品的更新换代，迅速使产品多样化。在18个月内，本田公司凭借其雄厚的技术优势和充裕的资金条件，相继推出了81种新车型，同时还淘汰了32种旧车型。这对雅马哈公司来说简直是不敢想像的。产品更新换代的加快，使本田公司在消费者心目中树立起新的形象。

在本田公司咄咄逼人的攻势下，雅马哈公司实在招架不住了。在短短18个月里，雅马哈的市场占有率就从37%降至23%，产值迅速下降，仅1982年一年的营业额就比上一年锐减了50%以上，企业亏损严重。1983年年初，雅马哈公司的库存占日本摩托车行业库存的一半。雅马哈公司只有靠举债为生。到1983年年底，雅马哈公司的债务总额已达2200亿日元。银行家们看到雅马哈公司前景不妙，纷纷对雅马哈公司停止贷款。由于公司既缺乏资金，产品库存又越积越多。在走投无路的情况下，雅马哈公司董事长和总经理一起拜见本田公司的总经理：就雅马哈的不慎言辞向本田公司道歉。至此，历时18个月的摩托车大战宣告结束。

在市场竞争中如果不能知已知彼、正确地估计自己和竞争对手的实力，在暂时的胜利面前不能保持清醒的头脑，盲目自信与乐观，这样的企业注定是要失败的。

可以说，在中国企业发展史上，还没有哪一家企业能在短短的时间内创下三株公司曾有过的成长奇迹。成立于1994年的三株公司，注册资金仅为30万元，而到了1997年年底，其净资产已高达48亿元。4年间增长了16000倍，且资产负债率为零。这一速度是其他企业望尘莫及的，在中国今后若干年内，这一纪录恐怕都很难有人超越。

一些管理专家分析了三株公司从成立、兴起、发展、停滞直至最终崩溃的5个阶段后，认为导致三株公司大厦倒塌的一个最主要的原因就是企业盲目扩张，不适时宜地推行了多元化经营战略。

三株公司凭着庞大的营销网络和成功的营销宣传手段，在短短三四年里就把三株口服液的销售额做到80多亿元。在竞争激烈的保健品市场上独占鳌头。可以说创立之初的三株公司是成功的，从其数目可观的销售额便可见一斑。但一时的成功导致了过度膨胀的自信心，三株公司提出了建立所谓“日不落生物制药公司”，做“中国第一纳税人”等。这些目标充满豪情，但1997年年末就证明不过是乌托邦式的理想。

在资金、技术、营销经验等方面，三株都有诸多不足之处，进行多元化经营的条件还不成熟。但是，其初期的成功冲昏了高层管理者的头脑，对市场前景盲目乐观，过快地作出了多元化经营决策。结果，1997 年销售额迅速下滑，销售费用却大幅上涨，公司出现大面积亏损，其不得不进行收缩，但在营销网络建设中投入的大量人力、物力、财力成了三株公司经营上的沉重负担。到 1998 年末，曾令人拍案叫绝的“三株现象”却已成明日黄花（指重阳节过后，菊花即将枯萎，便再没有什么好玩赏的了）。

很显然，“适度自信”是理性的，也是可取的，但“过度自信”则是一种非理性行为。过度自信者的决策会损害企业的运行，因此，在现实决策中我们要努力规避。

不做过度自信的预见者。每个人在决策的时候都有可能出现过度自信的情况，因此我们应该寻找自己过度自信的迹象，寻找相反的证据来证明自己的预测可能有问题。在这个过程中最好的办法是借助于他人的意见，请他人提出相反的意见，来帮助我们发现决策上的问题所在。

专家指点

人们在作决策的时候，普遍存在过度自信的问题。对于企业经营者来说，过度自信尤其严重，99%以上的管理人员都出现高估自己的经营能力和企业的赢利能力。企业在制定发展规划时过度自信，就会陷入欲速则不达的困境。不对竞争双方力量做周密地分析对比，在与同行企业竞争时，就会遭受巨大的损失。

全盘考虑问题预见更加准确

一个科学成功的决策预见离不开全盘考虑问题，仅仅从某一局部，以偏概全地考虑问题，在此基础上作出的预见，必然会造成不应有的损失。

企业预见应做到面面俱到，事事周全，毫无遗漏地将各种因素都考虑进去。很多企业经营者在考虑不周的情况下作出预见，这样就会顾此失彼，所以，企业在中途遭遇坎坷也就在所难免了。

1996 年，中国与新加坡合资企业温哥华西式快餐店成立。成立之初，温哥华快餐店选在了某城市的一所高校旁，并打算以此为基础，逐渐向其他沿海城市渗透，最后再向大城市发起进攻，争取在未来几年内启动几十家这样的连锁店。

这的确是一个前景非常美好的愿望，但经营者在作决策之初，却忽视了当地的生活和消费水平等因素，导致温哥华快餐的第一家店就无人问津，并最终于 1998 年彻底关闭。

究其原因，首先是选址考察仓促。决策者从达成共识到确定第一家快餐店的选址，仅用了两天时间。在当地只进行了一天的考察。在这么短的时间内仓促决策，在这么短的时间内盲目上马。

其次是预测过于乐观。他们了解到学校的周边环境——在校学生两万人，周边饭店不多，但生意火暴且周围没有西餐厅等情况之后，便作出预测：假如每 100 名学生每天至少一人来消费不少于 20 元，那么，西式快餐店还是有利可图的。然而，决策者忽视了更重要的实际情况即当地的生活水平，以及学生的消费水平，对于当地人以及主要客户群体来说，20元的价位太高了。

企业活动是非常复杂的，它涉及企业的内部条件，也涉及企业的外部因素。在决策预见过程中，需要始终把握住企业的基本方向和基本目标，统揽全局，全盘考虑，从企业整体着眼综合分析各种因素，而不是孤立地去研究企业中的某一些问题或者只看有利因素，忽略不利因素。否则，就会出现从局部看是合理的，而从整体看又是不合理的情况，从而导致企业内部运转失调，企业基本目标的实现受到不利影响。

格兰特公司是美国一家著名的日用品零售公司。该公司的创始人威廉·格兰特白手起家，由小本经营起步，发展成为美国屈指可数的大企业。有过一段辉煌的历史。但是，经过70年左右的经营历程后，由于公司的决策者在经营目标选择上的失误，使该公司由盛至衰，最后以倒闭而告终。

威廉·格兰特生于1876年，19岁时，他就显示出了自己的经营才华，掌管了波士顿公司的一家鞋店。1906年他拿出了自己的全部资本在林思市投资1万美元开设了第一家日用品零售店。两年后他在美国一些城市开设了格兰特连锁店，使其销售收入不断增加。到20世纪60年代，年销售收入近10亿美元，成为美国知名大企业。

格兰特公司在零售业竞争十分激烈的情况下，认真研究了定价策略后，将其经营的日用品价格策略定位在25美分，高于“5美分店”和“10美分店”，低于普通百货公司的价格，而格兰特公司的陈设格局又比廉价的“5美分商店”和“10美分商店”档次高。

这样的价格定位吸引了百货公司和廉价商店的顾客，所以，格兰特公司的业务迅速发展，连锁店开设到上百家，格兰特公司的发展速度也远远超过了当时的行业老大西尔斯公司。到1972年，格兰特公司新开办的商店是1964年的两倍。

然而，到1973年11月份，格兰特公司的利润只有3.7%，这在各零售商中是最可怜的。显然，盲目发展导致了灾难。格兰特1973年全年营业额达18亿美元，但利润却只有8400万美元，降低了78%，这是该公司历史上自1967年以来最低的一次。

格兰特公司的股东资产净值盈利由以前的15%降到5%，更糟的是，其长期债务由1970年的3500万美元增到2.22亿美元，短期债务则增至4.5亿美元。到1974年，格兰特公司的连锁店猛增到82500家，是10年前的一千多倍。

在这种情况下，格兰特公司的销售额并没有随着分店的增多而增多，相反，每家分店的平均销售额却急剧下降，连年入不敷出。格兰特公司在143家银行的债务达7亿美元，债台高筑，公司信誉急剧下降。在资不抵债的情况下，格兰特公司于1975年10月2日只好按联邦破产法提出破产申请。到1976年2月该公司最终倒闭，8万名员工因此而失业，成为美国有史以来第二大破产公司，也是零售业最大的破产公司。

曾创下骄人业绩的“老字号”格兰特公司，因盲目扩张经营，仅仅几年时间就宣告破产了。

分析格兰特公司倒闭的原因，可以看出，虽然当时社会的发展和消费者的需求在一定程度上为格兰特公司的扩张提供了可能，但其内在的员工素质、管理水平、经营能力等却使它不具备扩张的可能。这正如格兰特公司的高层事后所说的：“扩展计划使公司的人力和物力处于超负荷状态。我们新开设的都是大型商店，而我们管理队伍扩大后，训练计划来不及与商店的迅猛发展相配套，结果，没过多久，平庸之辈就被推上了管理岗位。”接下来必然导致经营上的低效率，造成整个企业的活力受到严重的伤害，过快的发展扩张像过度充气的气球——终于把公司推向了绝境。

任何一个企业的扩张，都取决于它的外部经济环境和内部生产条件。虽然有的时候，企业外部环境可以提供发展生产的资源、技术、资金及产品需求等，但这并不意味着企业就可以实现扩张的愿望，它还要受企业内部的生产经营能力、职工素质、管理水平的限制。内部条件不具备实现这种可能的素质，企业扩张就不能顺利实现或实现后不能持久。

对企业外部经营环境的调研和分析其实质上是“知彼”，然而，更重要的还是对企业内部环境的分析即“知己”。知彼而不知己，作出的任何预测和决策都是空中楼阁，不具有现实性和可行性。中国有句古话，叫做“量体裁衣”。因此企业经营者在作出预测时，还须对本企业内部环境作出调查分析。明智的做法是将企业外部环境和企业内部环境的各种因素结合起来进行综合分析，这样才能得出一个可行性的方案。

预见要通盘考虑，不要仅凭某个因素就盲目预见。

专家指点

决策预见要从整体出发，全盘考虑。不符合实际的预见一定是不能够实现的，甚至会打乱企业的正常运转秩序，导致企业陷入困境。急于求成，眼光短浅，不注重全局的长远的利益，反而会把事情越搞越糟，最终必然得不偿失

盲目跟风是预见的最大障碍

有这样一个很幽默的寓言故事。

一位勘探石油的人死后准备进入天堂的时候，圣·彼得拦住了他，并告诉他一个非常糟糕的消息："虽然你生前的善行足以让你有资格升入天堂，但天堂里分配给石油业者居住的地方已经爆满了。我无法把你安插进去。"

这位石油勘探者听完后想了一会儿，对圣·彼得提出了一个请求："能否让我进去跟那些住在天堂的人们讲一句话?"圣·彼得觉得这没什么，就答应了。

在得到同意后，这位石油勘探者就对居住在天堂里的人大喊："地狱里发现石油了!"

话音刚落，天堂里所有的石油业者都蜂拥奔向地狱。圣·彼得看到这种情况非常吃惊，并请这位石油勘探者进入天堂居住。但这

位石油勘探者迟疑了一会儿说："不了，我想我还是跟那些人一起到地狱去碰碰运气吧，没准儿要真有石油呢。"

这是投资大师格雷厄姆在评价盲目投资行为时讲的一个寓言故事，很形象地描绘了投资者因股市巨大影响力而产生的盲目性。

管理学上有个概念叫做"羊群效应"。一个羊群（集体）是一个很散乱的组织，平时大家在一起盲目地左冲右撞。如果一头羊发现了一片肥沃的绿草地并在那里吃到了新鲜的青草，后来的羊群就会一哄而上争抢那里的青草，全然不顾旁边虎视眈眈的狼或者看不到远处还有更好的青草。

羊群效应产生的主要原因就是信息不完全，由于未来状况的不确定，导致了人们的判断力出了问题，因而才有了从众的盲动性。

看到别人做什么自己也去做什么，往往是吃了别人的剩饭。对一个经营者来说，如果只会盲从于大众，不提升自己的判断力的话。那他的决策迟早会给企业带来不可挽回的损失。

20 世纪 90 年代初，"休闲服装热"席卷全国大中城市，许多地方的服装市场休闲装销路很好。人们纷纷脱下古板、单调的西装，去掉束缚的领带。穿上随意、轻松的休闲装，寻找舒适、恬静之感。沿海许多制衣厂因领"休闲装"风气之先而获利颇丰。

很快，"休闲服装热"热遍神州，一些省份的服装企业似乎得到启示，以为好运当头。很多企业蜂拥而动，从国外引进成套的休闲装生产线，仅仅两年时间，光某省轻工系统各企业就为此投入 2000 多万美元，建起 40 多条休闲装生产线，年设计生产能力为 600 万套。

新的生产线投产之初，市场行情还颇令人鼓舞。但是好景不长，由于市场过度饱和，竞争激烈，再加之消费者对休闲装的热情已大不如前。对于众多厂家而言，市场真是一片凄迷，紧缩的市场使得各厂生产线大量闲置，再加上国家对金融系统加强了监管，信贷规模已被控制，很多企业想转产也苦于缺乏资金，使厂子不得不关门停产，只有少数厂家仍在苦苦支撑，以期时来运转。而城乡服装店和个体摊贩的休闲装更是堆积如山，广告语和叫卖声无法留不住顾客的脚步。

许多企业只看到休闲装市场这块蛋糕很大，但是没有料到有多少企业也在准备分而食之，结果重复投资，市场很快趋于饱和。市场原理告诉我们，当一种产品由成长期走入成熟期时，该产品的边际收益已近于零，此时若增加投资所得边际收益也是近乎于零。

准确地说，模仿可以分为两种：一种是愚昧无知、不用大脑、邯郸学步式的，就是我们常说的盲目跟风；另一种是主动发挥、自己动脑、创造性式的，叫做创造性的模仿。所谓创造性模仿，就是在模仿他人成果的基础上进行自己的再创造，它的实质仍然是创造。许多成功的企业或成功者都是运用了这个战略——“抄近路”取得成功的。

只有创造性模仿，才能走向超越之路。“创造性模仿”是由哈佛大学教授西奥多·莱维特最早提出的。他说：“创造性模仿不是人云亦云，而是超越和再创造。”此后，管理学大师彼得·德鲁克将其提升为“创造性模仿战略”，彼得·德鲁克认为创造性模仿是“创造性仿制者在别人成功的基础上进行再创新”。

大家熟悉的 IBM 公司是当今世界上最大的计算机制造商，但历史学家却很少把 IBM 公司作为计算机的创造者，原因是世界上第一台计算机并不是它制造的。1953 年 IBM 公司推出自己的第一台计算机 IBM701 之前，宾夕法尼亚大学穆尔电子工程学院就在 J·普斯佩·埃克特和约翰·W·英茨里博士领导下，于 1946 年成功地研制成了世界上第一台电子计算机——ENIAC。它在当时主要作为美军军事用途。ENIAC的问世对当时以生产打印机和计机器为主，而又想在计算器功能上有所创新的IBM公司无疑是一个严峻的挑战，也是一次绝好的契机。

IBM公司发现，ENIAC的设计其实更适合于商业用途，例如工资账目等，但它的设计者却不知道这一点。

出于对计算机商业应用前景的乐观预测，IBM公司投入大量人力和资金，采用ENIAC原理重新设计并大量生产了ENIAC，使之能应用于最常用的一些数字统计。当1953年IBM公司推出重新设计的ENIAC时，它立即成为商业多用途计算机主机的标准。

一次创造性模仿的成功，使IBM计算机迅速地占领了商用计算机市场，为IBM公司带来了巨额利润。

IBM公司在个人计算机上同样采用了创造性模仿的策略。个人计算机技术本来是苹果公司的发明。IBM公司的每个人都曾认为不联网的计算机是没有市场的，既不经济又不合理。但当苹果公司研制出个人计算机，并使计算机市场大有“山雨欲来风满楼”之势时，IBM公司便立即采取措施，模仿并创新苹果公司的技术，制造出一种更有优势的计算机。两年后，IBM公司个人计算机又取代了苹果机的领先地位，成为最畅销的名牌和标准机。

IBM公司的模仿创新的成功，源于它的借鉴和再创造。它不是一味地模仿或者生搬硬套，而是根据自身和市场的实际需要，取其精华，去其糟粕，取人之长，避人之短，使自己的创新较对手更上一层楼。

探讨创造性模仿战略，不由得让人想起那句有名的格言——“站在巨人的肩膀上看得更远”——创造性模仿成功的原因，就等于站在了成功先驱者的肩膀上。

“学我者生，像我者死”，这是国画大师齐白石老先生的名言，形象极了。

在企业界存在着“盲目跟风”现象，一些经营者在决策预见时，不去收集相关的情报独立思考，不依靠自己的分析、判断去独立地决策，而是一味地模仿别人。没有弄清楚为什么要去作这个决策，只是重复别人的老路，在决策之初，就为自己投下了失败的阴影。总而言之，不要盲目跟风，要模仿也要搞创造性的模仿。

专家指点

看到别人做什么自己也去做什么，这往往是踩着别人的脚印走，等你赶到的时候，别人已经起步朝着新的目标扬长而去了，你只能在后面给别人收拾残局。对一个经营者来说，如果只会盲目跟风，不懂得创造性地发展提高，势必难以开创一番事业，更不可能把事业做大做强。

有点冒险精神才能抓住商机

没有风险就没有利润。世界上没有万无一失的赚钱之道，不管做什么事情都会有一定的风险。在任何事业中，如果都是一帆风顺，没有任何风险的话，那么自然也就没有潜在的机会了。

大家只知乔布斯是苹果电脑的创办人，当时他是与两位朋友一起创业的，其中一名叫惠恩的搭档，人称美国最没眼光的合伙人。

惠恩和乔布斯是街坊，两人都爱玩电脑，两人与另一位朋友合作，制造微型电脑出售。这是又赚钱又好玩的生意，三个人十分投入并且成功制造出“苹果一号”电脑。在筹备过程中，用了很多钱，这三位青年来自中下阶层家庭，根本没有什么资本可言，大家四处借贷，请求朋友帮忙，惠恩最吝啬，只筹得 1/10 的资本。不过，乔布斯没有怨言，仍成立了苹果电脑公司，惠恩也成为小股东，拥有 1/10 的股份。

“苹果一号”以 660 美元出售，原本以为只能卖出一二十台，岂料大受市场欢迎，总共售出 150 台，收入近 10 万美元，扣除成本及债务，赚了 4.8 万美元，惠恩只分得 4800 美元，但当时已是一笔丰厚的回报。不过，惠恩没有收到这笔红利，只是象征性地收了 500 美元作为工资，甚至连那 1/10 的股份也不要，急于退出苹果电脑。

苹果电脑后来发展成超级企业，其实惠恩当年只要什么也不做，继续持有那 1/10 股权，时至今日，应该有十亿、八亿美元的身家。事实上，乔布斯的另一位搭档，也是凭股份成为亿万富翁的。

为什么惠恩当年愿意放弃一切？原来他很怕乔布斯，因为对方太有野心了。后来他向传媒说：“为什么我要马上离开苹果公司，要回 500 美元就算了？因为我怕乔布斯太过急进，日后可能会令公司背负巨额债务，我也要替公司负责任！”

转念间，惠恩终生与财富绝缘，这就是不敢承担风险的下场。对于决策者而言，机会有时也是一柄双刃剑，特别是在一些因素没有确定的情况下，使决策者面临着风险，在这种情况下，决策者对于机遇怎么处理呢？应当学会适当冒险。

希尔顿一生中最重要的成就就是买了华尔道夫旅馆，如果希尔顿当初没有敢于冒险的精神，就没有希尔顿一生的传奇。华尔道夫旅馆的那些优雅的大房间里曾经住过许多皇族，当别人打电话过来找“国王”时，华尔道夫的电话接线生一定要问“请问找哪一位国王”。但是这家旅馆却破产了，1942 年，华尔道夫的股票暴跌。

希尔顿决定要买下华尔道夫。当他把这个决定向希尔顿董事会宣布的时候，有人惊叫起来：“你为什么花大钱去买这个赔钱的旅馆呢?”然而希尔倾说：“如果你仅仅只看到它现在的艰难处境而不能看得更远一点，那只能说明你是一个商业上的短视者。”但是无论他怎样反复阐述自己的意见，希尔顿理事会的理事们都不能分享他的狂热。他们不相信华尔道夫这个落魄到如此境地的旅馆还会东山再起。身为希尔顿旅馆公司的董事长，没有理事们的同意，他也不能以公司的名义买下华尔道夫。

希尔顿也没有因此而退却，因为他相信拥有这样一家旅馆，将会给他带来想像不到的价值和地位。他决定以每股 12 元的价格买下旅馆。华尔道夫的股东们正在为拿着一大把廉价的股票抛不出去而大伤脑筋时，如今听说希尔顿要以每股 12 元的高价收购，他们欣喜若狂——终于可以甩掉这个“烂包袱”了……

几天后，华尔道夫旅馆便改名为“希尔顿”。以后的日子华尔道夫究竟给希尔领带来了多少荣誉和财富，不用去揣测，看看希尔顿头上那顶“世界旅店大王”的桂冠便再清楚不过了。

决策者在面对机遇制定决策时，如果优柔寡断，惧怕风险，缺乏冒险精神和机敏的经营眼光；如果只因决策风险很难清楚地预估，便显得犹豫不决，那么将会一事无成。须知，每个机遇都是伴随风险同行的。

日本的大都不动产公司创始人渡边正雄曾是一个小商人。创业之初，有人向渡边推荐土地，那是一块有几百万平方米、价格便宜的土地。当时人迹罕至，没有道路，没有公共设施，但这块土地与天皇御用地邻近，能让人感觉好像与帝王生活在同一环境里，能提高个人的身份，满足自尊心。

但这块地向所有的地产公司推销过，没人愿意买。渡边倾力筹借资金，先付部分押金果断地把地买了下来，同行们都嘲笑他是傻瓜，亲戚朋友也为他的冒险担心。渡边毫不介意，而是紧紧地抓住这个机会不放。

第二次世界大战后的日本，经济开始迅速发展。人们的收入增加，大家逐步对城市的噪声和污染感到厌恶，对大自然开始羡慕。渡边买下的这块土地具有宁静的景色并充满了泥土的气息，逐步有人感兴趣了，渡边乘势在报刊上大肆宣传那里的优美环境，招引一些富裕阶层前往订购别墅和果园，一些经营耕作的庄稼人，看到那里有民房出租并有耕地租用，大部分前来定居和从事种植蔬菜、果树。

一年左右的时间，渡边就把这块几百万平方米的土地卖掉了八成，一下子使他赚到50亿日元，他利用赚来的钱投资修建道路、整地，并将剩下的两成土地建成一栋栋别墅。经过三年时间，那块土地变成了一个漂亮的别墅城市，渡边所赚的钱也达到了数百亿日元之多。

渡边在总结自己的成功经验时说："我之所以能成功，就是因为我敢于冒险。我在选择一个投资项目时，如果别人都说可行，这就不是机会——别人都能看见的机会不是机会。我每次选择的都是别人说不行的项目。只有别人还没有发现而你却发现的机会才是黄金机会，尽管这样做冒险，但不冒险就没有赢利，只要有50%的希望就值得冒险。"要想成为一个成功的商人、一个成功的企业家，没有一点冒险精神是不行的。

专家指点

俗话说："成功细中取，富贵险中求。"这是经商的客观规律，是谁也无法抗拒的，任何想发财的事情都有风险，风险和回报是成正比的。小心翼翼的经营态度当然是可以理解的，但是，厌恶风险应当是一种不被接受的行为，很多成功的决策者喜欢冒险，当然他们是有备而为的，决不会忽视实际情况的发展变化，所以他们成功了。

第四章　预见机制
企业成功的保障

预见机制是企业平稳运行的保障

一个企业一定要有完备的预见机制，否则，企业之舟就不能在浩瀚的商海中平稳行进，就不能顺利到达成功的彼岸。

如今世界许多成功企业家都是科学地、合理地、巧妙地发挥了“预见”的“魔力”，实现了信息的价值，创造出许多“一条信息救活一个企业”的奇迹。

李·艾柯卡的成功就是一个典型例子，他利用信息使克莱斯勒汽车公司起死回生。

克莱斯勒汽车公司成立于 1923 年，它和通用、福特汽车公司共同控制着美国 95%的汽车产业。这个公司先后在西欧、南美、南非等地的 19 个国家和国内 13 个州设厂，拥有资产近 70 亿美元。但进入 20 世纪 70 年代后，这个公司却屡遭不幸。克莱斯勒汽车在美国市场上的销售比重大幅度下降，最低时仅为 8.1%，库存积压 8 万余辆，亏损 11 亿美元，各种负债高达 48 亿美元，企业面临绝境。艾柯卡就在这样的危难之际出任克莱斯勒汽车公司的董事长兼总经理。

艾柯卡查阅了公司的大量资料并进行了综合分析，发现克莱斯勒惨败的原因虽非一个，但关键却在于市场信息严重失灵，总是错误估计形势。于是艾柯卡上任便着手加强企业的信息调研部门。他先组建了一个有60人的市场调查组，后来又扩充到185人。调查组通过各种信息渠道，运用先进的信息技术手段，针对汽车市场动态、消费趋向、顾客偏好、燃料价格波动和家庭结构变化等与市场销售有关的大量问题，进行了广泛深入的调查分析，为生产决策提供信息依据，使生产决策者耳聪目明。

艾柯卡根据20世纪80年代国际石油价格回落，国内汽油供应日趋缓和的信息资料，预测可容纳全家人的小汽车将在市场上走俏。于是他决定将克莱斯勒保留多年的“纽约牌”汽车增加产量，同时又在其他公司未加注意的方面，迅速推出几种新型产品，克莱斯勒终于重新在国内市场上抢得一席之地。

艾柯卡还通过有关信息资料发现，美国人具有强烈的怀旧心理，便大胆决定重新生产早已绝迹的敞篷汽车。当第一辆敞篷汽车开进美国中心汽车市场后，引起了极大轰动。事实证明了艾柯卡的信息是准确的，判断是正确的，他立即命令公司加紧生产。

从此，克莱斯勒名声大振，汽车销量越来越多，公司经济效益也不断提高，一个垂死的企业终于起死回生了。

很多企业经营者往往依赖于个人的经验、智慧、热情与魄力进行决策，这对于日益复杂多变的市场环境是远远不够的。决策一定要建立在科学预见的基础之上，一个企业要健康发展、平稳运行就一定要有完善的预见机制。

那么，企业的预见机制从功能来说要分为几个步骤呢？

一是确定目标和对象，制定工作方案。确定要预测的具体对象和具体内容。考虑预见繁简、难易程度，调配人员，搞好费用预算，安排工作日程，使预测工作能够顺利地有节奏地开展。

二是进行调查研究，搜集整理信息。预测和决策是以信息为基础的。科学的决策必须以全面客观的信息资料为依据，掌握信息和了解情况是对决策的起码要求。这个阶段的工作量很大，难度也大，预测结果是否有效，决策是否成功，在很大程度上取决于这个阶段所搜集的资料是否充分可靠，如果资料失实或者缺失，预测结果势必发生很大的误差。

三是选择合适的预测方法，进行预测推断。获得相应信息后，选择合适的预测方法，进行分析推断。在分析推断的过程中，可能得到比较一致的结果，也可能有不同的看法，要综合不同的看法，进行充分讨论，力求预测结果的准确和科学。

四是根据预见结果，讨论行动方案。分析预见结果实现的可能途径，综合考虑内部和外界因素，选择最合理的行动方案。在讨论行动方案的过程中，要尽量争取各方面的意见，要考虑到各种可能出现的问题。

五是实施行动方案，及时纠正差错。方案确定以后，就应当组织人力、物力及财力资源，实施决策方案。若在决策实施过程中环境状态发生了重大变化，应暂停实施决策，对方案进行修正。

一个没有科学预见机制的企业是无法持续发展的，甚至随时都有崩盘的可能。

专家指点

一个企业是否对政治、经济、科技等方面出现的新情况、新问题引起重视，对不断变化的客观环境及其因素对企业造成的影响，作出迅速的反应并适时采取正确的对策，这一切都取决于决策者是否能够及时准确地获取信息，企业是否拥有强有力的预见机制。一个企业只有建立起规范的预见机制，让预见规范化、程序化，才能始终在安全的轨道上快速行驶。

储存充足的信息是预见的源泉

随着现代科学技术突飞猛进的发展，特别是计算机和互联网络技术的广泛应用，以及大众传播媒体的宣传攻势，人类逐步告别以资本和技术为特征的工业社会，进入了一个崭新的时代，即以信息和服务为标志的信息社会。信息就像阳光、空气和食物一样，成为人们不可离开的东西。在当今的企业活动中，信息在某种意义上已成为比资金、设备、人力、技术等更为重要的一种特殊资源，信息的多寡和获取信息的快慢已成为决定企业命运的关键因素。

商战既是竞争对手之间实力的较量，更是信息运用手段和技巧的比试。当今的商战主要是信息战，在产品更新换代周期日益加快的情况下，企业的信息灵敏、反应快捷就能在市场上领先一步，否则就会丧失商机。

正确的谋略来源于正确的判断，正确的判断来源于对信息及时、准确、全面地分析与把握。综观中外商家成功之谋略，无论是在市场竞争中采用正面强攻，随机应变，还是迂回包抄，后发制人，无一不是建立在对市场信息的大量占有、科学分析、准确把握的基础上。

信息是预测和决策的“原材料”，无论是问题的提出、分折、预测和方案的拟订、评价和选择，都是以有关信息为依据，可以说，决策中的任何一个阶段都离不开信息。我们常常很奇怪一些人是否有先见之明？其实不然，那些超凡的结论，都是建立在充分的信息基础之上的，他们不过是善于观察和善于利用相关的信息罢了。

在社会发展到如此复杂多变的今天，信息量已经爆炸性地剧增，信息对于预测和决策的意义就显得尤为重要。今天企业的管理者、决策者所面临的问题往往十分复杂，牵涉的因素很多，需要大量的信息才能作出正确的分析与判断，因此，信息的重要性就显得更加突出了。

如何在纷繁复杂的市场经济环境中寻找到所需要的信息，是每个企业、每位管理工作者必须解决的问题。对于实力雄厚的大公司，可以不惜巨资建立自己的情报网和信息处理中心。日本的企业都非常重视信息的搜集与加工业务，为此而不惜耗费重金。著名的三菱公司就不惜支付巨资在世界各地建立情报网，该公司每天从世界各地收集到的电讯稿，需要一个人读 6 个月才能读完，其信息量之大由此可见一斑。

一些财力人力都不够的小公司又该怎么办呢？其实不必担忧。只要做个有心人，时刻注意看、听、读。从电视、电台、书报和旁人那里就有信息的金矿等待你去发掘，在有必要的时候再做有重点、有目标的搜索就行。

在香港，只要一提起假发，很多人都会说到刘文汉的名字，可是很多人都不知道刘文汉的传奇经历。

刘文汉出生在澳大利亚南部的一个华人贫苦家庭，他出生的时候父亲连办理出生登记的钱都没有，所以他的出生日期一直是个谜。

就是在这样的家庭环境下，他边做工边读书，一直到大学毕业，后来移居香港。

1958 年，他来到美国。有一天，他和两个美国商人共进午餐。当谈到美国流行什么商品时，一个美国商人脱口说"假发"。

刘文汉不大相信，就指着自己的头说："假发？"

那个美国商人说：是的。并且从自己随身携带的包里取出了一副黑色的假发。他解释说，在美国，假发已经成了畅销产品，很多人都争着买。可是生产假发的工厂很少。这个美国商人还表示，如果能够找到合适的货源，他可以购进 13 种不同颜色和样式的假发。

真是说者无心，听者有意。刘文汉马上意识到从事假发行业可能大有前途。

他延长了在美国的停留时间，进行了一番详细的调查研究后发现，就像那位美国商人说的那样，美国市场对假发需求量很大，

回到香港，刘文汉立刻着手调查制造假发的原料来源。

经过调查研究他发现，从印度和印尼输入人发，在香港制成各种发型的假发，其成本相当低廉，最贵的每个不超过11港元，而一个假发的售价却高达数十美元。刘文汉喜出望外，立即决定在香港创办假发工厂。

虽然困难重重，但经过不懈努力一个新的制造假发的工厂诞生了，各种颜色、式样的假发大批量生产出来。订货单像雪片般地飞到了刘文汉的工厂里。到了1970年，刘文汉的假发工厂销售额已经达到了10亿港元。他也因此成了假发之父。

世界上，凡是成功的企业家，都十分注意猎取各种准确有用的信息。

一个企业，没有掌握具体可靠的信息便寸步难行，更不用谈“成功”二字了。信息被人们公认为“无形的财富”，如果经营者能在信息的茫茫大海中及时、准确地获得有用的信息，捕捉发展趋势，确定自己的经营方式，作出准确的决策，就可以给企业带来巨大的成功。

信息是决策的基础和依据，只有在充分掌握了决策所需要的各种信息的基础上，才有可能作出正确的抉择。决策没有信息就像夜间开汽车没有灯光一样寸步难行。情况不明、信息不准，决策者就无所适从，决策中就会出现失误，就会造成人力、财力、物力的浪费。

20世纪80年代，上海一家保温瓶厂用了几年时间进行技术攻关，耗费了大量人力、物力、财力，解决了“以镁代银”的保温瓶镀膜工艺技术。当时被看做是我国在此项工艺上的新成就，并准备为其报奖。

后来一个有心人查找了专利文献。发现一家英国公司早在1929年就解决了这个问题，并申请了专利。其实，这个发明专利花5美元左右便可买到。把别的国家50年前取得的研究成果作为科研项目攻关，白白耗费了大量人力、物力和时间。正是因为信息不灵，才做了如此劳而无功的事情，真是提起来就是一个笑话。

信息是预测和决策的“原材料”。无论是问题的提出、分析、预测和方案的拟定、评价及选择，都要以有关信息为依据，预测和决策中的任何一个阶段都离不开信息。

信息就像空气一样，无处不有又无处不在。在现实生活中，不是缺少信息，而是缺少发现信息的慧眼，或者缺乏收集信息的意识与习惯。

专家指点

一个企业要发展，要提高经济效益，就必须了解国内外经济形势和发展动态，熟悉市场需求及其有关的各个环节，掌握有利于企业发展的各种信息，只有这样才能立于不败之地。所以，企业首先必须成为一个储存充足信息的“信息之王”，然后才能成为实力雄厚的企业之王。

通过多种渠道获取全面信息

当今社会，信息已渗入到社会的每一个环节，它的重要性已被人们所认识。信息已成为商品，可以买也可以卖。一条重要的经济信息可招徕财源滚滚；一条重要的军事信息可达到出奇制胜。信息是事物的核心，是成功的钥匙，你掌握的信息越多，知道的越细，你就越有取胜的把握。

也许你会说："是的，我也知道信息很重要，可我不是间谍，怎么可能搜集到信息呢?"以下几种方法对我们搜集信息很有帮助。

一、练就一双"火眼金睛"

生活中不是缺少信息，而是缺少发现信息的眼睛。任何时候都需利用自己敏感的神经，不放过每一个可能有用的信息，哪怕是一件小事，一次交谈，甚至一堆垃圾，只要留心观察，都能找到信息。

美国雪佛龙公司、通用制品公司、阿尔可公司作出新产品开发与市场营销和科学决策，投入了不少资金聘请亚利桑那大学人类学系教授威廉·雷兹对当地的垃圾进行分析研究。他将每天的垃圾收集起来，然后按其内容及其原产品的名称、重量、数量、包装形式等予以分类，获得了当地食品消费信息。雪佛龙、阿尔可等公司的食品和饮料制造厂凭此决策，果然成功。用威廉·雷兹教授的话说，垃圾决不会说谎和弄虚作假，什么样的人就丢什么样的垃圾。

面对一般人不曾留意的信息，要用火眼金睛去发现它，这些信息里面都储藏着闪闪发光的财富。

20 世纪 60 年代初，我国刚刚开发大庆油田。当时其属于保密工程，我国人民大都不知道它的地址，可是日本人却知道了，而且地理位置掌握得非常准确。我国开发大庆油田，唯独日本人和我们谈成了征求设计的买卖，原因是别国的设计均不符合大庆油田的要求，而日本人是事先按大庆油田的要求进行设计的。要知道，当时大庆油田的位置、规模和加工能力完全是严格保密的，他们怎么会事先知道设计要求呢？

原来，日本情报机构从 1964 年的《人民日报》上看到了一篇题为“大庆精神大庆人”的报道，以此为线索，开始了全面搜集中国报刊、杂志上有关大庆的报道。

1966 年，《中国画报》上刊登了一组照片，其中一张是王进喜穿着皮棉袄，戴着皮帽子，站在一段铁栏杆旁。日本情报人员根据照片上王进喜的衣着推测，只有在北纬 46°——48°的区域内冬季才有可能穿这样的衣服，随即推断出大庆油田的冬季为零下 30°左右，很有可能在齐齐哈尔附近。

又根据那段铁栏杆（一般为一米多）与塔的相对比例推知塔直径约 5 米，从而计算出大庆炼油厂年加工原油能力为 100 万吨以上。

由此，日本决策机构推断：“中国在近几年中必然会感到炼油设备不足，买日本的炼油设备是完全可能的，所要买的设备规模和数量要满足每天炼油 1 万吨的需要。”于是便立即着手准备向我国出卖炼油设备的谈判，充分掌握了主动权。

第二次世界大战后，日本的经济发展速度大大超过了其他资本主义国家，其中一个很重要的原因就是重视信息的开发利用。他们既善于捕捉信息，比如竟能从一张照片中获取情报线索，又善于从信息中推导出有价值的结论，从而在竞争中稳操胜券。

二、注重在闲谈中挖掘信息

松下幸之助最大的成功秘诀之一就是他从不拒绝与任何人交谈。他的员工、朋友甚至素不相识的路人，他从不放弃机会和他们“聊几句”。他既显得平易近人，没有架子，又显得和善仁慈，关心疾苦。其实，他在做廉价而正确的信息收集工作。他说：“我的许多改进的构想和新鲜的主意，都是在与人交谈中‘谈出来的’。”

美国联合航空公司总裁卡尔森使联航起死回生的妙诀就是不坐在办公大楼的大办公室里“办公”，而是常常一有空就随便搭着航班一边飞一边与服务人员或乘客“随便谈谈”。于是他把医治联航致命伤的灵丹妙药都“谈”到手了，然后就有板有眼地循序渐进地调整、优化和改革。不到一年时间，联航就一跃而居全国第一，声望经久不衰。

松下和卡尔森这种收集信息的方法，真是既简单又廉价，聪明的企业管理者何乐而不为呢？

三、要进行精确的市场调查分析

组织专门人员广泛搜集资料是企业成功的重要因素之一。任何决策都需要扎实的市场调查和预测工作。企业对市场情况掌握得越全面，作出的市场预测准确度就越高，企业决策的效果就越理想。

肯德基炸鸡店是世界上继麦克唐纳快餐店之后的第二大快餐连锁店，它以其独特的肯德基家乡鸡风味和方便快捷的服务誉满全球。

美国肯德基炸鸡打入中国市场的成功，很重要的一条就在于它对中国市场进行了充分的预测。通过预测，广泛收集了信息，在此基础上进行了科学的决策。

起初，肯德基公司派了一位执行董事来北京考察中国市场。他来到北京街头，看到川流不息的车辆，熙熙攘攘的人群，非常兴奋地向总部汇报说："中国的市场潜力很大。"当总部向其询问具体的数据资料时，他却张口结舌，说不上来了。于是，他被总公司以不称职而降职了。

紧接着，总公司又派出了一位执行董事来考察。这位董事没有走马观花，而是实实在在地做了几件事情，精心地进行调查和实地测算。

这位董事在北京的几条街道上，用秒表测出人流量，大致估算出每日每条街道上的客流量。他还利用暑期，临时招聘了一些经济类的大学生做职员，派出这些临时职员在北京设置品尝点，请不同年龄、不同职业的人免费品尝肯德基炸鸡。尤其是在北海公园这座皇家园林内，利用其风景秀丽、游人众多的特点，来广泛征求各种意见，他们详细询问品尝者对炸鸡味道、价格、店堂设计方面的意见。不仅如此，这位董事还对北京鸡源、食油、食盐、茶及北京鸡饲料行业进行了调查，并将样品数据带回美国，逐一做化学分析，经电脑汇总，得出了"肯德基"打入北京市场会有巨大的竞争力的结论。

1987 年，美国肯德基炸鸡店在北京前门正式开业。他们靠着鲜嫩香酥的炸鸡，一尘不染的餐具，淳朴洁雅的美国乡村风格的店容，加上店内动听的钢琴曲，赢得了来往客人的声声赞许。

肯德基炸鸡店开张不到 300 天，赢利就高达 250 万元，原预计五年才能收回的投资，不到两年就收回了。这一切的得来，在很大程度上靠的是"肯德基"信息收集得全面。

重视决策前的市场调查与分析是一切企业制胜的共同规律。精确的市场调查、分析和预测，能使企业真正做到以市场为导向，制定相应的产品、价格、服务等营销策略，满足市场需求，与此同时，他又能帮助企业了解自己所处的市场地位和竞争态势，有效地避免市场风险，从而在激烈的市场竞争中立于不败之地。

四、要进行定时的重要信息跟踪

定时跟踪是掌握市场和对手情况的最有效的方法。网络浏览器作为进入国际互联网的必要工具，成为电脑软件业公司争夺的焦点。微软公司曾经因为判断失误，未投入全力开发该项目，致使网景公司得以一度占据高达 80%以上的市场份额。为了重新夺取网络浏览器市场，微软充分发挥了竞争对手信息研究部门的特长，每月定期监测网络浏览器市场占有率的变化，以此作为微软公司制定网络浏览器市场策略的指导方针。这些信息帮助微软公司最终夺取了网络浏览器市场领导者地位。网景公司被彻底击败了，最后被美国在线公司并购。

日本经济何以后来居上，他们超常规的发展使欧美人惊呼“可怕的生产者”、“可怕的日本人”。若仔细分析日本的资料，就会发现在它发达的经济背后是一个强大的信息网络。战后日本为在国际市场上进行强有力的竞争，不惜大量投资，在 114 个国家和地区建立了 6800 多家跨国经营的公司，下设遍及世界各地的办事处，他们既是营业网又是信息情报网，收集世界各地工商和科技信息情报，每天发回数以万计的电传、电报，经电子计算机分析后加以利用。这些网络使日本在几分钟之内就可获得世界各地金融行情，查询到日本与世界各地进出口贸易商品品种、数量、规格等方面的详细材料，调查到国内 1 万多家公司、企业当年或历年的生产经营情况。这些定时的信息使日本企业能及时地推出适销对路的产品，满足国内外市场需要。

在企业竞争如火如荼的大背景下，准确、全面、完整地获得竞争对手的信息，是企业占据优势的有力手段，也是制定营销策略的客观依据。

五、要收集和重视消费者的意见

所有成功的企业都是极其重视消费者的意见的。在美国，带有“800”前缀标号的电话号码都是由受话方付费的。甘普公司是生产消费品的公司，为鼓励它的客户和顾客对它的产品提出意见或建议，它在自己的产品包装上印上了带有“800”的电话号码。虽然付出了可观的电话费，但是该公司却获得了大量有用的意见和建议。结果，甘普公司的产品质量大为提高，信誉度也大大上升，产品销量大增。

克拉克是美国一家糖果公司，它的“达汉”奶糖在青少年中颇享美誉，但它并不满足，想进一步扩大市场份额。有消费者反映糖果不耐吃。克拉克公司由此找到了孩子们心里的空间，糖果食客的抱怨所在：不耐吃！于是它紧紧抓住这个信息，在糖果的“耐吃”上大做文章。它用盒子包装“达汉”奶糖，每盒 15 个，每个都用储色纸包裹，以便消费者“慢慢吃”，一盒“达汉”奶糖于是就可以吃很长时间。孩子们和家长们都对此非常满意，于是“达汉”奶糖销量大增。这就是重视和采纳消费者意见以及对顾客信息的分析所取得的效果。

总之，企业能否在第一时间获得所需要的信息是企业能否取得成功的关键因素。企业要熟悉各种获取信息的渠道和方法，只有这样才能充分了解对手信息和市场动态，才能在激烈的市场竞争中占据优势。

专家指点

信息的收集应当是多渠道和全方位。所谓多渠道，就是要利用一切可能利用的途径去获取信息，如图书馆、信息情报机构、新闻媒体、计算机网络、调查访问等等；所谓全方位，就是要收集一切有可能对决策提供有益参考的情报信息，包括经济、技术、政策法规、市场、竞争等方面。只有不断扩展获取信息的途径，才能得到尽可能多的信息。

应重视竞争情报信息的收集

竞争情报是指关于企业的竞争环境、竞争对手和竞争策略的消息、报告和音信，多带有机密性质。

竞争情报一向受到世界企业界的高度重视。据统计，在世界500强企业中，90%以上都将竞争情报的收集作为一种日常的企业功能来运营，同时由于竞争情报的重要性，这些企业也从中受益良多，以竞争情报对企业贡献率来看，微软公司为17%、摩托罗拉公司为11%、IBM公司为9%、通用电气公司为7%、惠普公司为7%、可口可乐公司为5%、英特尔公司为5%，比例都相当的高。

日本是一个“情报大国”，其企业对竞争情报的关注尤重，将竞争情报的触角伸向四面八方，日本著名的九大综合商社先后在海外设立了690个办事处，凭借这些遍布全球的信息网络及时获得世界各地的科技、经济情报，作出准确的判断和预测，适时采用有效的战略对策。日本的汽车、摩托车、摄像机、电视机、手表等产品进入并占领欧美市场首先要归功于他们得力的情报工作。

日本某家公司打算在美国佐治亚州建立一座造纸厂。为了解当地纸业市场和纸业生产企业的状况，该家公司选出了当地一家造纸厂作为代表，希望通过了解这家造纸厂的生产能力和实际产量的信息，并将这个信息作为预示当地纸业市场的现状和未来发展趋势的一个信号，如果该工厂开工不足，再建造一座造纸厂便毫无意义，如果该工厂开工充分，生产紧张，那么在该地再建造一座造纸厂便有利可图，因为当地有许多林场。为此，该家日本公司聘请了一个咨询公司帮助了解当地造纸厂的生产情况。该咨询公司首先记录了从工厂开出的火车车皮数量，然后为了解车皮是否都满载，该咨询公司又请来了一个既是化学家又是金属学家的人，他们通过每趟火车开过之后钢轨上的锈的变化情况确定钢轨承受的重量，从而确定了火车的载重，从火车的载重中推算出了工厂生产的纸的数量。但知道了产量还不够，还需要知道工厂有多少机器、什么样的机器，又从机器制造商那儿了解到这些机器的生产能力。经过计算发现，工厂机器开工率大部分时间达90%。于是日本公司决定建造一座新工厂，新的造纸厂建成后果然盈利。

这家日本企业由于对竞争情报的收集、分析、研究并进行了准确的预测，因而如愿以偿地获得了效益。

一个企业，一定要有完备的企业竞争情报系统。企业竞争情报系统的任务，就是完成关于企业的竞争环境、竞争对手和竞争策略方面的信号捕捉功能的机制与方法。在世界著名的企业里，多数都设有专门的机构从事竞争情报的收集、分析和研究。例如微软公司的“战争室”，主要任务之一，就是从事竞争情报的收集分析和研究工作。而国内的企业真正拥有自己的竞争情报系统的不足10%，许多企业的“情报部门”充其量不过是个收订报纸杂志的资料室，同时企业的“情报”与“反情报”意识薄弱，技术手段落后，相关人才的培养滞后，可以说国内企业的竞争情报系统建设任重道远、潜力巨大。

成都某制药有限公司曾经在招聘会上打出了招聘“情报搜集员”的招牌，一时吸引了众多求职者的目光。该“情报搜集员”要求学历大专以上，具有临床医学或药学专业的知识背景，另外要求应聘者年轻，该职位的主要工作是通过上网，搜集业界医药方面的最新动态和同行最新信息，并不是人们想像中的“商业间谍”。

合适的专业化的人员是企业竞争情报体系实施成败和是否真正有效率的关键。竞争情报人员主要由三个部分组成：竞争情报体系负责人、竞争情报收集人员和竞争情报分析人员。由于三者所负责的工作各有侧重，因而对三者的要求也各不相同。

竞争情报体系负责人是企业竞争情报体系的掌控者和领导者，他负责对整个体系的建设和运行进行统一规划，协调系统所属部门的信息工作，带领全体情报人员参与信息工作，制定信息收集和传递机制，组织竞争情报项目，解决系统运行中可能发生的问题等。由此，竞争情报体系负责人应该具有较强的全局观念和信息意识，具有一定的威信，能协调和组织好各部门的信息工作，具有良好的交际能力，很强的上进心、责任心和好奇心，并对企业参与竞争的特定市场有所了解。一般而言，应选择企业的高层管理人员担任或兼任此职位，比如副总经理、营销部经理等。

竞争情报收集人主要负责对与本企业有利害关系的信息的收集、汇总和储存工作。要求其不但要掌握与本企业有关的所有重要的公开信息源，而且还要有较强的人际交往能力，能在企业的内部、外部开发信息交流网络，以获取非公开的信息。

竞争情报分析人员主要负责对竞争情报收集人员收集的信息进行综合分析和处理，以捕捉到与企业有利害关系的信号，并及时向企业的最高管理层和决策层传递这些信号。竞争情报分析是企业竞争情报系统的关键任务，也是其中最复杂最困难的环节，同时也容易成为一个薄弱环节，由此竞争情报分析人员就成了竞争情报体系中的核心。

明确了三种竞争情报人员的不同责任以及对其不同的要求，企业就可以采用外部招聘、自己培养或二者结合的办法，来获得企业恰当的竞争情报成员的合适人选。

一个成功的企业一定是重视竞争情报系统建设的企业。

专家指点

竞争情报是企业捕捉竞争信号的重要来源。它不仅来源于企业内部，而且也来源于企业外部，它们时时刻刻都在向外释放着信息。在这些信息中不可避免地包含着预示性的竞争信息，这就是企业所要捕捉的信息，这些信息往往成为企业决策者的重要依据。

对信息进行实事求是的甄别分析

信息时代是人类社会发展到一定历史时期的必然过程，信息有真有假，有虚有实，各种信息掺杂在一起，非常难辨。企业如果不能区分信息的真假，把握事物的本质，那么在错误信息影响下作出的反应就是错误的反应。此时此刻，反应越快失误越快，反应越大损失越大，甚至一个错误信息能把企业引入歧途。

在孙中山号召全国各地武装讨袁之时，年轻的刘伯承在熊克武领导的四川讨袁军中担任连长。在一次讨袁战斗中，四川讨袁军虽然重创袁军，但终因双方力量悬殊而惨遭溃败，熊克武也被迫离川出走。

为了保存有生力量，在艰难的形势下，刘伯承仍然率领讨袁军同袁军展开游击战，与敌周旋。一天，他带着与之出生入死、顽强奋战、仅存下来的一支几十人的队伍，头顶着绵绵秋雨，脚踩着泥泞崎岖的山路，艰难地往大足县方向撤离。

不料，刘伯承的撤离行动被敌人发现了，约一个营兵力的敌人紧追不舍。

“必须尽快摆脱敌人！”刘伯承在心中暗下决心。他一边行军，一边思考摆脱敌人的办法。

时至黄昏，刘伯承带领的这支讨袁军来到了一片树林中，他命令部队原地休息。

夜幕降临，刘伯承已经定下了摆脱敌人的计策。他胸有成竹地命令大家：“脱下脚上的草鞋，把它倒过来穿在脚上！”战士们开始不理解是什么意思，但都执行了命令。然后刘伯承又命令部队按原路返回，再拐弯朝路旁的一座山上爬去。就在敌人为失去追击目标而为难时，在树林边沿搜索的士兵发现了刘伯承他们留下的“特制脚印”。于是，敌兵根据这种脚印所指的方向留下“路标”，继续追击，大批敌军也跟着设下的“路标”继续追击。然而这个时候的敌人却与刘伯承他们背道而驰，追赶的速度越快离刘伯承他们越远。

刘伯承就这样巧妙地利用“假信息”摆脱了敌人追击，化险为夷。而敌兵则因“假信息”而导致其追击行动南辕北辙，结果是竹篮打水一场空。

决策者要尽量提高决策信息的真实度，使决策建立在真实可靠的信息基础之上，以最大限度地减少企业的决策失误。

请看下面这个故事，就能明白很多信息对我们是有误导作用的。

第二次世界大战期间，美国作为盟军的大后方和军火生产基地，担负着沉重而艰巨的军火生产运输任务。美国为了把军火尽量多、尽可能快地运往西欧前线，就租用了大量的商船运载军火。为了使这些商船免受德军飞机的封锁和攻击，美国海军指挥部决定在商船上安装高射炮。但是，经过一段时间发现这些高射炮的战绩令人失望，竟然没有击落一架敌机。

于是，海军指挥部有人提出没有必要在商船上安装高射炮的意见。针对这一问题，盟军海军运筹小组研究后发现，把在商船上安装高射炮的作用定为击毁敌机数量的决策是不妥的。这一决策的正确目标应是尽量减少被击沉的商船数量，从而保证军火供给。虽然安装在商船上的高射炮没有击落一架敌机，但实践证明，它在减少商船损失、保证军火供给上却是卓有成效的。

因此，美国海军指挥部的领导最终否决了“不在商船上继续安装高射炮”的错误意见，而是实施了在商船上继续安装高射炮的正确决策，从而保证了盟军的军火运输。试想，如果盟军海军运筹小组不进行深入研究，而在错误的信息指引下采用“不在商船上继续安装高射炮”的错误决策，那么，盟军的军火供给线肯定会遭到德军的严重破坏，从而影响前线的战斗。

我们每一个人的头脑中都有许许多多自以为不证自明的信息，而且，我们很可能就是凭借这些信息进行决策的，但这些信息能真正反映现状吗？这个故事告诉我们，信息有时会骗人的。商船上的高射炮确实没有击落敌机，但要知道商船的任务是运送军火，只要高射炮保证了船队安全就是高射炮最大的战绩。

准确、及时、适用、经济的信息是决策成功的前提和保证，如果你拥有这样的信息，决策的成功就已经离你不远了。

在华尔街有一个叫伊万的青年人，他白手起家，靠炒股票拥有了自己的公司并迅速成长起来，伊万自己把这些成就归功于情报。在炒股时，他从不满足公司员工提供的材料。有时为了知道一些分歧意见可能产生的不同结局，他会毫不犹豫地同时雇用几家不同公司的专家来共同重新分析研究，并且他几乎不间断地用电话与那些他感兴趣的企业家保持联系，以便及时获取信息。

如今处于信息时代，其特点是信息良莠不齐，真假混杂，很多垃圾信息充斥于人们的大脑中，使人们苦不堪言。收集的信息要准确、全面，同时还需要正确的分析这些信息。只有正确的分析才能将信息去伪存真，使决策者由表及里地看清事物的本质，作出科学的决策来；如果偏听偏信，或为表面现象所迷惑，决策就会失误。

信息分析是指通过定性和定量分析方法，对已知信息进行过滤、加工、处理、判断，并揭示客观事物规律性的过程。

海尔公司以前收集、处理企业竞争情报工作的一般流程是：人工上网搜索，定期剪报，然后将这些情报素材进行人工分类、整理、分析，形成满足各个部门需求的竞争情报报告。这种情报处理流程不仅收集的情报零散，缺乏系统性，而且情报不易统一存储，情报的实用性也很差。“情报人员 80％的时间都花在了情报的收集、分类、整理等前期工作上，而最终由人来做判断、分析信息得出结果的后期过程只有 20％。”海尔公司竞争情报系统负责人王瑞峰说：“在这种情形下我们收集商业情报的效果可想而知。”

现在，海尔公司将计算机系统应用于竞争情报的工作中，将收集情报等前期工作由“机器”来完成，即由计算机系统来做，收集、整理、归类大大简化，所需时间只占 20％，情报人员可以利用剩下的 80％的时间来进行判断、分析。

总的来说，研究和利用经济情报，在进行信息分析时必须注意以下几个问题。

一是要提高情报的真实性。真实可靠是有效利用的前提。商品市场的变化频率很快，即使瞬时的变化都可能对企业的经营活动产生至关重要的影响，因此，对经济情报一定要认真研究，去伪存真，去粗取精，确保其准确无误。

二是要提高情报的时效性。经济情报要能够及时反映经济发展变化的趋势。一方面要在条件允许的情况下尽量运用现代化的工具，比如计算机网络搜索等；另一方面要提高情报人员的素质，比如业务培训，代职实习等。

三是要提高情报的适用性。真正从企业的实际需要出发，确定收集范围，排除那些无关紧要信息的影响，从众多的情报中筛选出适用性强的情报。

信息到手，能否把它变成财富，取决于掌握信息的人能否善于分析利用信息。信息化时代，信息每时每刻都像“天女散花”般地在人们身旁飘然而下，只有在众多的信息中找到真正有用的信息，企业才能沐浴在信息化的春风里，得心应手，笑傲商场！

专家指点

控制论大师维纳说：“要有效地生活，就要有足够的信息。”这里的信息指的是及时性、准确性和适用性的有效信息。我们要对信息进行科学的、实事求是的分析。信息的分析应从辨证的角度入手，不为表象所左右，能透过现象看到其本质，并非所有的信息都能对决策有帮助，相反，还有很多信息是在干扰决策者制定出正确的决策。

建立快捷高效的信息传递系统

请看下面一个有趣的故事。

据说，美国在1910年的一次部队命令传递中出现了这样的情况。营长对值班军官说："明晚大约9点钟左右，哈雷彗星将可能在这个地区出现，这种彗星每隔76年才能看见一次，命令所有士兵着野战服在操场上集合，我将向他们解释这一罕见的现象。如果下雨的话，就在礼堂集合，我将为他们放一部有关哈雷彗星的影片。"

值班军官对连长说："根据营长的命令，明晚8点哈雷彗星将在操场上空出现。如果下雨的话，就让士兵们穿着野战服列队前往礼堂，这个76年才有一次的现象将在那里出现。"

连长对排长说："根据营长的命令，明晚8点，非凡的哈雷彗星将军会身穿野战服在礼堂中出现，如果操场上下雨的话，营长将下达另一个命令，这种命令每隔76年才会出现一次。"

排长对班长说："明晚8点，营长将带着哈雷彗星在礼堂中出现，这是每隔76年才会有的事，如果下雨的话，营长特命令彗星穿上野战服到操场上去。"

班长对士兵说："明晚8点下雨的时候，著名的哈雷将军将在营长的陪同下，身穿野战服开着他那辆'彗星'牌汽车经过操场前往礼堂。”

经过5次传递，少校的命令已经变得面目全非，信息失真率达到90%以上。这样的情况在很多的企业都出现过，信息经过层层传递，等到了决策者手中的时候，有利用价值的信息已经在传递的过程中丢失了。

信息一定要准确无误地传达到决策者手里，只有这样才能转化为生产力。

在皖、苏、鲁、豫四省交界的黄河古道，有一个300多人的小厂——安徽省砀山县化工厂。1996年7月底，该厂还积压着价值140万元的产品，亏损14万元，每月要付银行利息万余元，几乎被迫倒闭。1996年8月，新厂长闵龙华走马上任，他立即挑选精干人员，成立情报信息部，闵龙华建立的情报信息部，下设信息筛选组、对外联络组和新产品试验车间近30人，“触角”伸向四面八方。闵龙华亲自培训情报信息部的工作人员，并令其发现市场和竞争对手有什么异常，立即向他报告。

本厂的拳头产品是丁醇、丙酮，一年内其行情不会好转。这时，情报部门得知食用酒精在东北市场畅销。闵龙华决定立即停产丁醇、丙酮，迅速转产食用酒精。不到1个月，转产试车成功，投入批量生产，短时间内获利20万元，工厂这才“起死回生”。

情报部门人员看到《河南科技报》刊出的一则很有前途的化工产品试制成功的消息后，告诉了闵龙华。闵龙华当晚派人乘车去河南洽谈技术转让。不到半个月，全套技术资料到手，仅投资1万多元就试产成功，抢在许多厂家之前将其投放市场。用户纷至沓来，争相订货，仅合肥一家工厂就一次订货600公斤，价值6万元。

闵龙华搞情报的兴趣越来越浓。情报人员也是专业意识强，职业嗅觉灵敏。一次情报人员通过了解本厂账本发现山东一家工厂以每吨高出近千元的价格购买本厂的丙酮。当时丙酮销路不畅，对方为什么高价购买？闵龙华对此深感不解。为了解这一情况，他随即前去明察暗访。原来有位“科技流浪汉”在此帮助其生产橡胶防老剂RD，其主要原料正是他们化工厂的丙酮。这是一个极有前途的产品，他同这个厂协商付给一笔技术转让费，招聘来了这位“科技流浪汉”，并立即投资生产橡胶防老剂RD。结果不到2个月试产成功，通过省里鉴定，到年底生产150多吨，盈利20多万元。

这些都是信息传递通畅带来的生产效益。

任何情报部门搜集来的信息都不可能百分之百的正确。那么，如何避免企业在信息传递过程中出现“信息失真”的现象呢？具体应采取以下几项措施。

一是优化信息传递模式。减少信息传递的层次，关键信息直接上报决策者。现在相当部分企业，机构设置不合理，无论是上边的信息，还是下边的信息，在这些中间环节传递过程中都会被销蚀得面目失真、分量降低。

二是建立企业网络平台。充分利用信息网络化成果，使企业的重大决策和经营信息在企业网络平台上展现出来。形成快捷、明晰、真实的公共信息。

三是建立企业信息共享系统。在企业内部要理顺信息传递机制与渠道，使信息传递的种类、时间、责任和检查制度等形成通畅的共享系统。

专家指点

在信息传递过程中，要坚持的原则是：中间环节越短越好，信息质量越精越好。具体包括两个方面：一是减少中间层次的机构和人员；二是减掉可有可无的报表之类的信息传递，提高信息的质量和实用价值。形成一种“少而精”、“短而精”的信息传递体系。

正确的决策预见来自周密的市场调研

有效的决策预见离不开调查研究，市场调查是企业了解市场、认识市场和适应市场的一种科学方法。

市场调查是企业在变幻莫测的市场中，正确把握未来的有效方法。市场瞬息万变，如果不了解市场动态和发展趋势，企业的管理者就无法做到对企业的生产和经营心中有数，就无法制定有效的营销策略并取得良好的经济效益。通过市场调查，取得市场信息，从而进行市场预测，掌握市场的运行规律和发展趋势，作出正确的判断和最佳决策，减少经营风险，使产、购、销、调、存之间密切衔接，相互协调，努力实现经济效益的最大化。

许多企业的决策者，忽视市场调查结果在决策制定中的作用，认为市场调查提供不了什么有价值的资料，好像是可有可无的东西，相信企业的决策完全可以靠决策者自身的经验和直觉进行，甚至靠“拍脑袋”作决策，结果当然很难如愿。

1999年7月，华中科技大学新闻学院在校学生李玲玲获得武汉世博公司的风险投资资金10万元，注册创办了武汉天行健科技有限责任公司。李玲玲也因此成为全国在校大学生领取风险投资的第一人。

然而时隔一年，这家公司便人去楼空，账目上只剩下一百多元钱。这是为什么呢？因为当初世博公司投资李玲玲的项目时，只花了10天的时间，根本未作详细的市场调研，也未对其经理人资质进行考核，也未请专家进行技术论证，而是过于相信李玲玲所获得的“金奖”，即高杆喷药器所获的“亿利达”青少年发明奖和防撬锁获第七届中国专利技术博览会金奖。李玲玲天行健公司的失败实质是世博公司市场调研的失败。

作决策之前一定要进行调研，最忌讳的就是靠“拍脑袋”作决策。如果缺乏充分的信息依据，必然导致决策失误。这就像一个重病人，没有经过医生的诊断就凭想像乱用药，其结果只能是搞垮自己的身体。

虽说市场调查不是万能的，但是，没有市场调查是万万不能的。因为在风云变幻的市场之中，决策者要想增强企业的应变能力和竞争力，离不开大量的市场信息，以便及时准确地作出决策，而市场调查即是取得这些信息的一个最重要的途径。

在激烈的市场竞争中，为赢得宝贵的时间，企业付出的常常是繁琐而巨大的市场调研工作。

据 20 世纪 90 年代初统计，国外几乎所有的大公司均有正规的市场和研究部门，负责对产品的调查、预测、咨询等工作，其产品进入市场之前都要进行周密调查。在美国，73％的企业设有正规的市场调查部门，大公司的市场调查经费约占其销售额的 3.5％。美国企业每年花在市场调查方面的费用超过 100 亿美元，且有不断增加的趋势。改革开放以来，发达国家的产品和投资在中国市场如鱼得水，除了实力雄厚之外，一个重要原因就是其在进入中国市场之前，都花巨资进行了深入细致的市场调查。比如沃尔玛超市、万宝路香烟、松下电器、柯达公司、奔驰汽车公司、微软公司、可口可乐公司等无一不是如此。

与发达国家相比，我国许多企业尤其是中小企业，对市场调查仍然没有完整的认识，很少甚至根本不作调查，往往是亲朋好友凑在一块儿，举举酒杯、拍拍脑袋就决定上一个项目。不少企业动辄出手几十万、几百万、几千万乃至数亿元做广告，却不愿意拿出几万元做市场调查，等到开了张才发现市场根本就不是那么回事，而此时大笔的钱已经投了进去，抽也抽不出来了，最后只能眼睁睁地看着血本无归。

宝洁公司从 1988 年进入中国市场以来，已经推出十几个品牌的产品，在洗发护发、护肤化妆、口腔护理、家居护理、婴儿护理以及食品、纸巾等领域齐头并进。

宝洁公司在中国最早推出的品牌是 1988 年的海飞丝。海飞丝成为家喻户晓的品牌，宝洁公司成为家喻户晓的公司，为解决中国人的头皮屑问题，可以说是功绩卓著。所以有评论家说，头皮屑这个东西伴随着中国人已经几千年了，在海飞丝出现之前，谁也没把它当成个问题，而在海飞丝出现之后，谁都觉得它是个问题。

这个评价不错。问题在于，为什么宝洁公司会觉得头皮屑是个问题呢？

宝洁公司董事长约翰·白波是这样回答的："因为我觉得头皮屑在中国是个主要的问题，而且当时没有有效的去头皮屑的洗发露。我们有很多的数据，比如说头皮屑，我现在实际上记不太清具体的数字，差不多30%到40%的人口都有头皮屑问题，而且他们没有办法来应对这个问题。"

这其实是宝洁公司市场调研的一个组成部分。宝洁公司在中国的市场调查从1985年就开始进行了，换句话说，到1988年10月底推出海飞丝，它们用了3年多的时间来研究中国人的头皮屑问题，最后认为中国人的头皮屑是非常严重的事。

宝洁公司不仅是世界上最先使用市场调研的公司之一，也是在中国市场上率先使用市场调研的公司，被认为是中国市场调研的一大摇篮。

宝洁公司的飘柔洗发水自1989年10月在中国市场推出以来，距今至少经历了10多次的配方改良。最近一次配方改良之前，宝洁公司消费者市场调研部及专业调查公司对全国的16个大城市及乡镇的近2000位消费者进行了调查。

从这次调查中，宝洁公司发现46%的受访者认为自己的发质并不理想。当问及什么是他们理想中的头发时，其回答是最希望拥有"柔顺、易打理、一梳到底"的头发，希望把有个性、充满自信的一面展现出来。有鉴于此，六款全新的飘柔洗发水诞生了。

正是基于这种随时聆听消费者需求的耐心与细致，前期有效的

产8万辆。但丰田公司并不满足于这一辉煌成果，雄心勃勃地把目光投向了国际市场。经过多次考察后，丰田公司的高层决策者一致认为：美国汽车市场的潜力最大，如能敲开美国市场的大门并立住脚，肯定能获得更大的发展空间和更多的利润。于是，在对美国汽车市场的一些细节缺乏了解的情况下，丰田公司便迫不及待地决定进军美国市场。

第一批皇冠车出现在美国汽车市场上时，立刻受到当地消费者的广泛关注，有很多消费者甚至打电话咨询怎样才能买到丰田汽车。根据这一情况，丰田公司预计：在1957年的美国市场上，至少可以售出1万辆。针对这一市场预测，丰田公司开足马力大批生产，以期望赚取更多的利润。

但由于丰田公司的市场预测没有想到美国市场的细节情况，大赚一笔的愿望很快变成了泡影。相对于日本狭窄多弯的马路，丰田车的性能显得十分优越，但是在美国平坦的高速公路上时速一超过80公里，丰田车就有点力不从心了。特别在持续高温的情况下，丰田车的发动机震动剧烈，功率急剧下降。另外，丰田车的售价为2500美元，而竞争对手“大众牌甲壳虫”的售价则为1600美元，缺乏价格竞争优势。结果愿意经销丰田车的代理商只有寥寥几家。

1960年，丰田公司不得不做出暂停向美国出口轿车的决定。这样，丰田汽车第一次向美国市场的进军以失败告终。

自那次失败以后，丰田汽车公司深刻地吸取了教训，开始对美国市场进行潜心研究。一方面调查研究丰田公司在美国的代理商及顾客的需求；另一方面研究外国汽车制造商在美国的业务活动以便找到缺口，从而制定出更适合美国的销售和服务战略。无论是在市场调研、产品开发，还是汽车生产后的销售和服务环节，都表现出了日本人特有的精细。

丰田汽车公司为了设计出适应美国人使用的汽车，曾派人到美国用户家中去调查。一位日本人以学习英语为名，跑到一个美国人家里居住。奇怪的是，这位日本人除了学习以外，每天都在做笔记。美国人居家生活的各种细节，包括吃什么食物、看什么电视节目等，全在记录之列。三个月后，日本人走了。此后不久，丰田公司就推出了针对美国家庭需求而设计的价廉物美的旅行车，大受欢迎。该车的设计在每一个细节上都考虑了美国人的需要，例如，美国男士（特别是年轻人）喜爱喝玻璃瓶装饮料而非纸盒装的饮料，日本设计师就专门在车内设计了能冷藏并能安全放置玻璃瓶的柜子。直到该车在美国市场推出时，丰田公司才在报上刊登了他们对美国家庭的研究报告，并向那户人家致歉，同时表示感谢。

这件发生在 20 世纪 90 年代的小事说明了丰田汽车公司市场调研的精细程度。通过精细化的市场调研，企业能得到正确的预测结果，才能作出正确的决策，成功地驾驭未来。

成功企业之所以能成功，其中的原因很多，但有一点是不可缺少的，那就是准确全面的市场调查。只有准确全面的市场调查，企业才能推出自己的产品或新战略，并保证取得市场成功。

以彩色感光技术先驱著称的美国柯达公司，目前产品有 3 万多种，市场遍布全球各地。其成功的关键是重视新产品研制，而新产品研制成功又取决于该公司采取的对市场进行的反复调查的结果。

柯达蝶式相机问世就很典型，这种相机开发前，首先由市场开拓部提出新产品的创意，创意来自市场调查。如大多数用户认为最理想的照相机是怎样的，盈量和尺码多大最合适，什么样的胶卷最便于安装使用，等等。

根据调查结果，设计出理想的相机模型，提交生产部门对照设备能力、零件配套、生产成本和技术力量等因素考虑是否投产，如果不行，就要退回重新设计或修正。如此反复，直到造出样机。

样机出来后，进行第二次市场调查，检查样机与消费者的期望还有哪些差距。根据消费者的意见，再加以改进。然后进入第三次市场调查，将改进的样机交给消费者使用，试制品不说明是柯达产品，让广大消费者去鉴别。一般来说，用户对销路广的名牌厂家印象深刻，是有鉴别能力的，这次调查所得资料对下一步制定推销和宣传策略极其重要。在得到大多数消费者的肯定和欢迎之后，才将结果上报总公司，经过批准后交工厂试产。再交市场开拓部门进一步调查，看新产品有何优缺点？适合哪些人用？市场潜在销售量有多大？定什么样的价格才符合多数家庭购买力？待诸如此类问题调查清楚后，再正式打出柯达牌投产。因是经过反复调查，蝶式相机推向市场后便大受欢迎。

在市场经济中，能否提供深受消费者喜爱的产品，是一个企业经营成败的关键。因此，通过适宜的市场调查活动，了解广大消费者的真正需要，就成为企业正确地开展经营活动的前提。

成功的企业不仅是产品营销高手，也是市场调查能手，正是通过对市场进行深入细致的调查研究，才使自己成功地驾驭市场。

专家指点

市场调研是一项系统工程，离不开周密的计划、组织、执行和监控，每一个工作流程、每一个具体环节都要力求细致、严谨。许多企业在进入新的市场之前对重视市场调研工作不够。不是先调研后决策，而是先决策再调研，甚至把市场调研当成了做表面文章，那么最终必然被市场规律所戏弄。

好的预见是不同意见的结晶

卓有成效的预见者往往不求意见的一致，而是十分喜欢听取不同的意见。因为有效的预见绝非是在一片欢呼声中做出来的，预见是从不同观点的交锋、不同看法的交流、不同判断标准的对比中作出的一种选择。因此，预见的第一原则就是：在不同意见出现之前，不作出任何预见。

对于决策者来说，正面意见要听取，反面意见也要听。在现实生活中，许多人往往对“反对派”的意见不屑一顾，甚至一听见不同意见就火冒三丈。其实，“兼听则明，偏听则暗”，听听不同意见，才能把问题考虑得更加周全一些。

石油大王洛克菲勒在决策时，总是耐心地听取反对派的声音，不但在公众场合听取反对派的意见，而且在私下场合还要搞清楚反对派为什么要提反对意见？反对派提反对意见的依据是否客观真实？直到把这些问题都搞清楚了，洛克菲勒才下决心，去诚恳地说服反对派或者和反对派达成协议，最后才形成决策。据说洛克菲勒的决策是很少失误的，这都归功于不同的声音能激发出更全面的决策方案。事实上，任何一个决策预见能否经得起实践的检验，在其出台之前，在当初酝酿之时的反对意见都是难能可贵的。因为，既然有反对意见，就必然有其反对的理由和根据，这些反对意见不论最终是否被采纳，都像一面镜子，能够映照出决策是否有瑕疵，是否符合客观实际。

做决策预见时没有任何不同意见，这本身就不正常，它预示着决策中潜藏着一种隐性危机。在决策预见过程中有反对意见是必然的，关键是决策过程中如何吸收反对意见中的合理成分，最终让反对者转变看法，在化弊为利上达成共识。

艾柯卡总结其毕生的管理经验，概括出八条原则。其中第六条专门写道："保留一批善提反面意见的人。"他说，在一家公司之中，最为有害的是在总裁的周围只有那么一伙人，他们报喜不报忧，阿谀奉承，不提反面意见，不动脑子，一味盲从，这些人往往使公司作出错误的决策。

在千变万化的商业环境中，任何决策预见的制定，不但需要决策者个人的智慧，更需要大家集思广益的智慧。同时，决策者还要善于对不同的意见进行比较和融合，取长补短，开阔视野，使群体智慧得到最大限度的发挥，以保证决策的成功。

作决策预见之所以需要有不同的意见，主要有以下三点好处。

一是保证决策者不受组织中某个利益共同体的束缚。每一个人都有自己的利益，希望从中得到好处。每一个人都是一个特殊的悬求者——而且往往是十分真诚的——试图使决策者的决策有利于他。

二是只有有了不同意见，才能为决策者提供可供选择的方案。一项没有其他备选方案的决策，无论决策者经过了怎样仔细的思考，都是一种赌徒式的孤注一掷。如果人们在决策过程中仔细考虑了备选方案。那么假如原来的方案行不通，就能拿出经过深思熟虑的补救方案。如果没有备选方案，在实践中一旦出现决策方案行不通时，很可能使企业遭到惨重失败。

三是不同意见有助于激发人的想像力。想像力需要被激发后才能充分地发挥出来，否则它只能是一种潜在的、尚未开发的能力。不同意见，特别是那些经过缜密推断和反复思考的、论据充分的不同意见，便是激发想像力的最有效的因素。只有将想像力的“开关”打开，想像力才能像自来水一样不断流出来，而想像力的“开关”不是别的，就是不同意见的有序争论。

倾听不同意见有助于产生良好的决策，一项正确的决策，往往是通过听取不同意见，集思广益，反复比较而获得的结果。

专家指点

好的决策预见绝不是在一片欢呼声中作出来的，而是在真诚善意、宽容忍让的有序争论中作出来的。“博采众长，择优而定”，多听取各方面不同的意见和建议，考虑问题会更全面。只有通过对立观点的交流，不同看法的交换，不同判断的综合，才能得出一个相对科学的决策预见。

企业的预见不是主管的意见

当今，一些企业的决策往往是由主管垄断，即所谓“总裁等于独裁”。决策由一个人垄断，一个人说了算，一个人包打天下，个人决定企业的命运，真可谓“成也萧何，败也萧何”。

从史玉柱的巨人集团发展演变的过程中，我们就能知道总裁的意见的局限性。

1989年8月史玉柱和3个伙伴以仅有的4000元人民币开始了巨人集团的创业，产品只有一种，即史玉柱自己开发出来的M-6401桌面排版印刷系统；不到4个月，就实现利润近百万元。

随后两年内，巨人集团以软件业为根本，相继开发出M-6402文字处理系列产品及M-6403汉卡。

到1992年年底，巨人集团销售收入达两亿元，实现纯利3500万元，企业迅速发展成为中国电脑行业及高科技企业的一颗耀眼新星，企业大踏步向创建之初所制定的“成为东方巨人、中国的IBM”战略目标挺进。

然而到1996年年底该集团陷入了全面财务危机。为什么一个很成功的企业却衰败了呢？其主要原因来自巨人集团的独断决策机制。

巨人集团的决策是高度集中的，集团虽然聘请了许多老总，因为没有股份，所以在决策时他们很少坚持自己的意见，也无法对总裁的决策进行干预。巨人集团虽然设了董事会，但只是一种摆设。决策由总裁办公会议作出。那办公会议又是怎样的呢？

史玉柱自己坦言："决策会议实行民主集中制，大家可以畅所欲言，然后由我拍板，这个总裁会议虽可以影响我的决策，但左右不了我的决策，事实上我拍板的事，就这么定了。"

巨人集团初始计划投资兴建18层的巨人大厦，史玉柱一念之间改为38层，后来又改为54层，再后来又从54层到64层到70层，设计投资额也从2亿元增加到12亿元。如此这样，楼层一再加高，竟没人提出反对意见。

从64层加高到70层，也是史玉柱一夜之间决定的，致使巨人集团出现全面财务危机，使巨人集团这个"巨人"陷入困境。

作为一个经营决策者，如果妄自尊大，大搞一言堂，用一个人的大脑取代集体的智慧，以个人意见替代集体决策，这是导致决策失败的根本原因。

世界著名的壳牌公司在组织管理上的第一大特色是部门拥有充分的自主权，公司的权力不集中在某个人手中，而是分散于各个管理部门，各司其职。

各级实际管理部门可以根据结果和技术报告，自行作出决策去解决经营中所遇到的各种问题，而不必层层请示，逐级审批。部门主管可以密切地与当地顾客联系，又可以迅速地应变，以适应突如其来的外界突发事件。

在重大问题决策管理方面，他们的做法是：公司里由六名执行董事组成董事会，一切重大决策均需一致点头通过，借以防止董事长一人独断专行。这样的组织管理手段使壳牌公司在20世纪80年代避免了盲目随潮流而收购其他大石油公司所带来的风险，又避免了大量借外债的风险。

壳牌公司这样的组织管理方法，使公司既可以发挥集体的作用，又可以发挥执行董事个人的作用。公司的每一位执行董事都来自基层，都至少主持过一个部门的业务，所以执行董事的决策意见富有见地，独到深刻。

壳牌公司的决策管理制度，给我们这样的启迪：人无完人，每个人的能力都是有限的。没有一个人能掌握世界上所有已知和未知的知识，如果每一个企业的决策者都懂得这一点，他还会在决策时过于自信吗？想来不会。相反，一个没有自知之明的人，做什么事都会出现偏差，他以为自己一定能做好一件事，结果往往半途而废。综观很多成功者，绝非单靠自己的双手披荆斩棘而得来的，他们之所以成功，其秘诀就在于他们善于发挥和利用群体的智慧。

作为决策者，一定程度的自信是必要的，但是，在制定决策时，应该遵循谨慎为重的原则。没有自信的企业领导是作不好决策的，过于自信的企业领导也是作不好决策的。过于自信的人缺乏自知之明，既无法了解自己，也难以和他人沟通，往往使决策预见变形。在现实生活中，许多领导认为自己是自信而不是过于自信，他们认为自己“敢作敢为”、“当机立断”、“胸有成竹”是有自信、有魄力的体现。

领导企业如同带兵打仗，执行战术动物过于自信的气势能带动部属冲锋陷阵、勇往直前，但运筹规划大局就应该有一种高瞻远瞩的眼光和老成持重的态度。自信是决策所需要的，而过于自信甚至自负则是决策不需要的。决策者在决策预见的时候一定要掌握“适度”法则。

日本松下公司总裁松下幸之助把自负的表现概括为以下十点。

一是夸大自己的本领，不相信别人的意见有正确的成分。

二是自以为对市场的把握比较准确，实际上缺乏客观事实。

三是喜欢从过去的经验中找决策的依据，而不管环境已经发生了变化。

四是对待下属的意见，一味采取排斥心理，总认为下属的看法都是肤浅的。

五是只相信自己，甚至只用一种套路去决策预见，而不相信别人，不能采用多种方法、多种选择去决策预见。

六是喜欢某些“新”、“奇”、“特”的东西，认为凡是这些东西都具有决策的价值，往往忽略长远利益。

七是自以为是，故步自封。自己念自己的“经”，不接受别人的意见和建议，不接受别人的经验教训，总认为自己能决策好。

八是喜欢走极端，在极端的选择中求决策、求生存，而不知极端往往就是死路一条。

九是心胸狭窄和疑心较重，即使别人提供的意见合理，但因为这个人曾与自己有过冲突而排斥别人，拒绝采纳。

十是试图用自己认可的观点来表明自己在公司的地位是多重要，而把集体利益置之度外。

一个决策者不能从心理和行为上克服过于自信给决策带来的

“严重”后果，那么他就是在“走钢丝”。不少企业的决策者说：“我一定要有十足的自信感才能把决策工作做好。”但事实上他们总是做出很多错误的决策，把企业引上了歧途。

作决策预见，一个人说了算，往往是有百害而无一利。

专家指点

一个企业的成败，关键在于决策者的预见是否正确。决策者的预见如果是正确的，执行中即使出现偏差也可以弥补；而决策者的预见如果是错误的，执行中的任何措施都难以弥补。决策者一定要做到：广开言路，集思广益，不固执己见。

对决策预见的可行性要反复论证

一项真正有效的科学决策必须经过可行性论证，以确保它的可靠性，使决策更趋向合理化。而这就需要决策者掌握科学思维和决策的原则，在过去和现在实践的基础上，通过科学的预测掌握未来事物发展的客观规律，使决策方案适合未来的发展变化。

王先生经营着一家已有数十年历史的仪表公司，经过深入的市场调查和充分的分析研究后，他发现次年夏季，不怕水的电子手表将是一个很有发展前途的产品。为了增大这一调查结果的可信度，他又经过一系列可行性的论证，结论是不怕水的电子手表可以每年销售上亿只。

有了这一结果，他赶紧集中了大量财力，迫不及待地大批量地生产不怕水的电子手表。可当他满怀信心地将不怕水的电子手表生产出来之后，由于开发成本高，又碰上强大的竞争对手。在市场上一时难以铺开，为了打开销路，他决定进行倾销，结果造成了连年亏损的惨状。

为减少损失，王先生迫不得已将这一产品的新技术和产品设计专利权卖给了强大的竞争对手，并最终被竞争对手挤出了这一产品的市场领域，导致完全的失败。

投资开发不怕水的电子手表决策失败的原因，归咎于决策者没有对决策的每一环节进行可行性的论证。王先生虽然论证了电子手表这一产品有很好的销售前景，年销售甚至可达几亿只，但却忽略了重要的一点，那就是成本与消费者的承受能力，同时，也没有论证竞争对手的竞争实力。从而使决策在这两个重要环节上失去了可靠性，造成重要信息链脱节，而重要信息链脱节的决策是无论如何也摆脱不了失败的厄运的。

“凡事预则立，不预则废”。每一项决策预见，只要做好面对各种情况的对策，面临各种变化时就能应付和适应变化，从而赢得决策的成功。

春秋战国时期，吴国有一位叫伍子胥的大夫，当吴王让他主持练兵时，他不是先领官兵练习怎样打胜仗，而是先训练他们如何应付打败仗。吴王不解缘由。伍子胥解释说：知败者为知胜者之母，知胜者如能明胜之因，必将立于不败之地。用兵之前。先把可能失败的因素多想一下，再一一做好应付局面的准备，然后仔细研究制胜的方略，而后以必胜的信心率三军而战。这样虽然不一定能百战百胜，但起码失败时不至于全军崩溃。

伍子胥每次打仗行动之前，首先部署好退却的准备，选好退路。一次是他率兵与楚国交战，误中埋伏。他不慌不忙率领部下按事先选定的路线及方案撤退，结果伤亡甚微。随后以逸待劳，乘楚军被胜利冲昏头脑之际，以精兵迅速打入楚国，打了个大胜仗。

在经营活动中，明智的决策者在作一项决策时，都是要同时做好应变不测时的对策准备的，要有做好最坏打算的思想准备。

如果你做好了最坏的打算，你才能有更多的胜算。决策难免会有失误，但如果事先采取了回避危险的措施，就能减少悲剧的发生，至少可以降低决策失误的概率，只有研究切实可行的措施及应变的对策，才能赢得决策预见的成功。

在现代商战中，企业对一个新项目、新产品的设立和研制，对一个新市场的开拓，往往需要企业经营者的深思熟虑，科学预见，做好充分的准备工作。只有这样，才能在激烈的市场竞争中立于不败之地。

决策方案业经成形，在有明确决策目标和决策标准的情况下，就可以对方案进行充分论证了。这一步主要是为了最终的执行提供科学前提和依据，为了科学决策提供重要的保证。

方案论证必须充分发扬民主、尊重科学、服从真理。要坚决反对唯意志论，更要坚决反对唯权力论和唯地位论，如果领导不能听取各种不同的意见，包括反对的意见，那么其决策就有可能丧失客观性和正确性，进而铸成大错，导致失败。

只有经过充分民主、科学严谨的论证，决策方案才可能达到高水平高质量，才可能达到具有说服力，才能有资格进入执行阶段。不经过这一个步骤，尽管有高明的决策者凭其经验、智慧和天才能够制定出很好的决策，但是，这样得到的决策方案有时可靠性很小，有时风险性很大。在决策方案实施过程“安全系数”没有保证，要么一鸣惊人，要么一败涂地。

专家指点

决策者对决策预见要进行反复的论证。对决策的实施和后果要有明确的认识，并对实施中可能遇到的情况或阻力，要事先进行分析，准备相应的对策。如果决策者在执行过程中，不遵循规律和程序，不对整个决策的环节和细节进行可行性研究论证，而仅凭主观意志作决断，那么，得到的多是深刻的教训。

第五章　预见方法
企业成功的钥匙

全面分析市场经济大环境

企业的外部环境是指存在于企业之外，对企业的生存和发展产生决定性影响的各种因素的总和。这些因素一般不在企业经营者的短期控制范围内，但又确实影响企业经营活动的进行和经营成果的获得，企业经营者虽然指挥和控制不了企业的外部环境，但了解和分析外部环境是一项必不可少的决策程序。

了解并适应外部环境，成功就有了保证。决策脱离对外部环境变化的审视，没有意识到外部环境是决策优化的重要约束条件，对外部环境变化的任何形式的忽视，都会降低决策的质量，导致决策预见失误。只有时刻把握环境变化的企业才能赢得发展。

当世界第一次石油危机刚刚露出端倪时，日本丰田汽车公司就敏锐地感到以石油为能源的汽车业必然要受到冲击，于是他们立刻着手研制开发轻型优质的省油汽车。当石油危机真的到来，世界汽车市场处于万木凋零的时候，唯有丰田汽车一枝独秀，占尽风光。

当美国南北战争还正打得炮火连天的时候，美国商人亚默尔从报纸上看到南方将士及其家属吃马肉的消息，他马上悟出这场战争的结束之日已屈指可数了，一旦战争结束，猪肉价格马上就会跌下来。于是他与东部市场签订了一个猪肉销售合同，以较低的价格卖出，约定迟几天交货。不几天，战争真的结束了，猪肉价格暴跌，他轻易地赚了100万美元。

20世纪80年代初，当科学家发现南极上空臭氧层受破坏而致使人类赖以生存的地球每年以1～2度的幅度上升时，广东科龙电器股份有限公司很快预料到生产制冷设备、制冷家电是势在必行的趋势。他们果断决策：生产中国第一流的空调机。从建厂到投产仅仅11个月，迅速占领了市场，获得了可喜的经济效益。

企业作任何一项决策预见，首先要具备相关的内部条件，同时也要适应外部环境，这样成功才有保证。

包玉刚在初涉航运业时，多数船主采用的是“散租”的方式。这种方式租期短，可根据运输行情变化及时调整租金，在航运兴隆时期最容易赚钱。在20世纪60年代航运巅峰时期，挪威船王耶土坦只散租了一程由波斯湾到欧洲的短途运油线就赚了500万美元。而包玉刚宁可不赚这种厚利，摒弃了“散租方式”，采取了“低廉租金，长期租赁”的经营方针。包玉刚的做法受到许多船主的嘲笑，说他是“初出茅庐的傻瓜”。

其实，包玉刚是在冷静分析内外环境条件以后作出这一决策的。包玉刚说：做任何事情，每个人都必须根据自己的实际情况决定行动方针。一些航运公司有许多老关系、老客户，甚至有国家做后盾。所以，他们不怕担风险，采取“散租”方式，而我们完全是靠自己的力量起家，对造船和航海知识几乎一无所知，也没有相对稳定、熟悉的客户，经不起大的风险，弄不好连饭碗都砸了，不能不谨慎从事。“散租”虽然赚钱多，但风险也大，一旦船租不出去，船东就要遭受巨大的经济损失。一艘巨轮即使一动不动地停在海上，每天开支就需要几万美元。

事实证明，包玉刚的分析是正确的。航运业风险很大，价格几次暴涨暴跌，那些追求短期暴利，采取“散租”形式的船东在航运业衰退时往往难以为继。例如 1975 年世界航运业出现衰退，挪威船王耶土坦的十几艘巨轮无人租用，使 77 岁的老船王如坐针毡，而包玉刚的船租期一般为 4～5 年，市场波动对包玉刚影响不大，可稳收租金。

当航行低潮过去之后，一些船东也学包玉刚的方法，实行“长租”的经营方针，而这时包玉刚却反其道而行之：新船出租，旧船自营。因为新船租金高，而旧船自用，效果一样。他是这样考虑的：现在情况不同了，船队扩大了，不能再实行全部船只出租，必须自营一部分，以便熟悉航海业务，航运价格高时可赚大钱，价格低时稳收租金。更重要的是，如果要实现自己的“世界船王”之梦，光靠租赁公司是不行的，还必须拥有自己庞大的海运王国。

包玉刚就是这样认真分析自身条件和客观环境条件，选择同客观条件相适应的经营方针，当行则行，当止则止，当变则变，既不随大流，也不沉迷于自己的成功经验，仅用了 20 年的时间，就登上了世界船王的“宝座”。

到 1977 年，他的环球航运集团的总载重量为 1347 万吨，居世界十大船王之首。

企业的外部环境是一个复杂多变的动态环境，其中任何一个因素的变化都会或早或晚、直接或间接地对企业的生命周期及其各阶段产生不同程度的影响。企业要想在复杂多变、竞争激烈的经营环境中保持长盛不衰，就必须及时调整企业的既定目标、计划、战略与策略，采取有效对策和措施，以适应外部环境和内部条件的变化。

成功的企业都十分注重外部的环境因素。只有深刻了解而又准确地适应外部环境，才能达到最终的目的——获取丰厚的利润。否则，将被排斥在成功的大门之外。

专家指点

一个企业经营者，要做到决策预见准确无误，必须对影响企业的宏观经济环境进行全面的分析、判断、研究，并时刻注意市场经济大环境的变化。只有掌握了这些变化才能使决策预见具有超前性，收到“运筹于帷幄之中，决胜于千里之外”的效果。

国家政策的走向就是企业预见的方向

国家对经济的发展有强大的指引作用，它可以给一个地区优惠政策，使这个地区迅速发展起来，也可以给一个行业优惠政策，使这个行业迅速发展起来。当然，它也有权力制定出政策抑制某个地区或某个行业的过度发展。

在国家制定出优惠政策之前，就率先把资本投入到国家计划发展的地区或行业，往往能够使一些企业经营者一举成功，从腰包瘪瘪的寻常人变为腰缠万贯的富翁，而能不能做到这一点就要看企业经营者的眼光了。

原百龙集团公司总经理孙寅贵，当年是很有敏锐嗅觉和战略眼光的人。当“一代壶王”孙寅贵和百龙矿泉壶如日中天，产品在各大城市迅速旺销时，“不安分”的孙寅贵开始考虑向其他领域投资了。他苦苦寻找着投资机会，就在青岛，他发现了一个机会。

青岛有一个黄岛经济开发区，为了使黄岛经济开发区能够很快地发展起来，山东省及青岛市已经投入了40多亿元人民币对其进行开发，与此同时，还颁布了一系列的优惠政策，鼓励客商前来投资办企业。

但是，由于种种原因愿意来黄岛经济开发区投资的客商不是很多，所以黄岛的地价也就一直没有升上去。许多原来对黄岛感兴趣的客商纷纷退出，不想在那里投资了。

孙寅贵产生了与众不同的想法。他的想法是，既然青岛市政府已经在黄岛投下了40多亿元的资金，就决不会对后续配套工程撒手不管，早晚会采取一些对投资有力的措施的。

根据这样的判断，在1992年初，孙寅贵毫不迟疑地拿出200万元资金在黄岛经济开发区买下了3.3公顷土地的使用权。

就在这时，青岛市政府做出了大力推进改革的行动。接着，青岛市的领导宣布，要将处在闹市区的市委、市政府机关大院拍卖给企业，建成商业中心，以促进青岛经济的发展。

看到这一系列举措，孙寅贵心中暗喜，他坚信自己的判断是正确的。同时他又意识到自己的步伐迈小了，于是他赶紧与青岛市有关部门谈判，又签下了购地6.6公顷的协议。之后不到一个星期，青岛市决定修建由市区到黄岛的海底隧道。这一消息传出后，黄岛经济开发区变成了一个经济热点，那里的地价一升再升。就在孙寅贵在青岛市政府办理购地手续时，有一位商人表示愿意用2000万元的高价把6.6公顷的土地买下来。而孙寅贵却回答说："对不起，你就是出3000万元的大价，我也不会卖的。"

当时孙寅贵又捕捉到了一个政治信息，韩国外相近日将来中国访问。如果中国与韩国建立了外交关系，青岛就必然会成为韩国商人最先要在中国抢占的滩头阵地。

因为正如孙寅贵所料，韩国外相访问北京，没两天就谈妥了建交问题，双方签署了建交公报，而且卢泰愚总统不久后也将访华。

消息传出后，黄岛的地价可以称得上是一涨再涨。孙寅贵那块花了500万元买来的土地，现在至少升值为6000万元了。

我国改革开放初期，国家明令规定不能从国外进口小卧车。日本人研究这一政策后，将小卧车做了小小改动—后面加了个小货厢—其实就是把后备厢打开—前面和小卧车完全一样。结果这种稍加改动、造型奇特的“客货型”小车长驱直入中国市场。

后来，不少大城市交通部门为缓解市区行车难的问题，国家又制定政策：载重1.5吨以下的小汽车可以进城，超此限者未经特批不准驶入市区。这个规定给一些汽车经营厂商带来致命的打击，然而日本厂商却又从中悟出了门道：以最快的速度生产出了载重1.25吨的丰田车到中国试销，随即被抢购一空。

由此看来，作为企业适时研究政策的确是赚大钱和发展企业以及参与市场竞争的上乘之法，上上之策。

政策是各级政府意志的一种体现，它还带有强劲的“势能”，用活一项政策可以救活一个濒临倒闭的企业；用活一项政策可以迅速发展壮大一个企业。

专家指点

政策里面有“黄金”，就看你怎样发现并挖掘它；政策里面有商机，就看你怎样瞄准目标而抓住它。政策和法令的变化常常导致市场需求发生相应的变化，有时政策就是新的机遇。一个善于抓住政策走向的企业家，一定能抓住企业快速发展的契机。

了解市场变化把握企业舵轮

企业要发展，就一定要了解市场的变化。社会的需求是千变万化的，今天的“热门”可能明天就变成了“冷门”；今天的“冷门”明天也有可能变为“热门”。这就需要企业经营者从社会需求变化的种种迹象中，对未来的社会需求状况作出分析预测，从而了解市场变化的趋势。

在瞬息万变的市场中，没有普遍适用的经营策略，没有永远畅销的走红产品。要使自己在多变的市场中立于不败之地，就必须了解不断变化的需求动态，了解市场变化的特点，不断采取正确的对策，在变化中抢占先机。

如果经营思想守旧，产品面孔老化，行销方式呆板，销售渠道狭小，就一定会被竞争对手超越，直至被逼出市场竞争的舞台。

钟表业是瑞士人的骄傲，但瑞士人也有遗憾的时候。

第二次世界大战之前，全世界90%以上的手表都是瑞士生产的，几乎全世界的人佩戴的手表都是瑞士表。

1969年，瑞士人研制出了世界上第一只石英电子表，然而历来固守传统、崇尚“雍容华贵”的瑞士人却瞧不起这种简陋的“玩乐商品”，对新产品石英电子表的出现不屑一顾。

日本人却把它当宝贝一样抓住不放，而且花了大气力、大价钱，大规模地投入了生产。正当瑞士人斜着眼睛嘲笑日本人时，手表业的电子时代势不可挡地降临了。20世纪70年代初，瑞士手表占全世界手表总产量的40%，而到了70年代末，瑞士全国有178家手表厂倒闭，3万名手表业工人无事可做。瑞士人对此无可奈何。

后来，当全世界人都在津津乐道于“精工表”、“西铁城”时，瑞士人后悔啦，这一切只能归咎于对未来的预测不够准确，没有把握住市场的变化。

打败瑞士手表而进入世界市场的日本精工表，就是靠了一批头脑清醒、反应敏捷、判断力强的人组成的市场预测部门取胜的。

我们都知道市场环境是不断变化的，如果预测到并能把握它的变化，顺势而为，生意就会一帆风顺。

1999年6月1日《人民日报·海外版》报道：我国首列机车动力直输空调客车正式运营。这种新型机车就是素有中国“机车摇篮”之称的大连机车车辆厂研制的东风4DF型内燃机车。在此之前，这个厂还相继推出适应铁路提速需要的东风4D型客运、货运机车和目前国内功率最大的东风4D型空调机车。

随着东风4D型客运、货运、空调机车陆续投向市场，一个全新的D型产品系列，在大连机车车辆厂初步形成。

仅仅两年时间，大连机车车辆厂的机车产品实现了由B型、C型向D型快速的更新换代。

1994年，正当大连机车车辆厂的主产品——国内内燃机车唯一获得国优金牌的“东风4B”处在供不应求的鼎盛时期，工厂决策层果断地宣布了一个令人意外的决定：从现在起，尽快“淘汰”B型车。

工厂决策层对市场的发展变化早已心中有数：铁路发展趋势是高速重载。根据目前我国的国情、路情，近期客运提速不可能太高，对既有线路加以改造，提速到 120～160 公里还是较实际的。尽管如此，“东风 48”还是不适应这一需求。

为此，早在全国铁路大提速之前该厂就率先“提速”，加大创新费用的投入，构建起独特的“高效开发模式”，广泛采用计算机辅助设计和辅助分析，对经过多年实践验证的成熟技术、成熟零部件实行模块化储备，设计开发效率成数十倍地提高，且保证质量一步到位。

1996 年，大连机车车辆厂研制出的时速 160 公里的高速机车仅用了 10 个月，为尼日利亚设计制造的出口机车仅用了 6 个月，为铁路提速开发的东风 4D 型客运机车，仅用了 3 个月便拿出样车，随即转入批量生产，首开我国机车制造从设计、试制到直接投入批量生产的先河。

不要太守旧，也不要太保守，企业经营者一定要有否定自己的魄力，如果你跟不上市场的变化，你就会被市场淘汰。

市场预见对企业的兴衰往往起着决定性的作用。因此，只有及时察觉市场未来变化的各种征兆，科学预测未来，才是一个真正出色的企业决策者。

专家指点

现代企业是一个适应市场经济开放式的大系统，它的内外环境处在不断地变化之中，"永远变化"是企业面临的一条不变的规律。企业经营者要认真分析各种变化的动向，弄清事情将以什么方式变下去，懂得在变化的孕育和形成阶段看出它的趋势和形态。

根据消费信息预见市场变化

时代在变化，消费的观念也会发生变化，这就要求预见者能准确把握时代的变化，摸准消费者的心理。

美国著名企业家艾科卡成功的故事，也令我们对预测市场的重要性有了更深刻的认识。

为了设计青年人满意的车型，艾科卡亲自挑选了一批懂得青年人心理与要求的人，组成一个精干的设计班子。经过多次改进，到1962年，第一批车子定型，这种车子看上去像是运动车，满足了青年人喜欢新奇、运动的心理和要求。同时，它又不单是运动车，对此，艾科卡的解释是：你可以在星期五傍晚开着它前往乡间俱乐部；次日，你可以开着它驶在崎岖的小路上；星期日你可以开着它衣冠楚楚地前往教堂做礼拜。总之，它雅俗共赏，适应于各种不同的场合，另外，它的价格也很低廉，一般青年人都买得起。福特公司还给这种车起了一个青年人喜欢的名字："野马"。

"野马"上市的第一年，就售出41.9万辆，创下全美汽车制造业销售的最高纪录。艾科卡成功了，他开始扬名美国企业界，又成为世界著名的企业家。而他的成功源头之一，便是对社会潮流的准确预测，对消费者需求的准确把握。

看看美国超市零售商A&P公司的起伏，我们就知道把握消费者心理的重要性。

A&P公司，原名为"大西洋和太平洋茶叶联合公司"，是一家巨大无比的食品连锁商店，它遍布美国各州。在历史上相当长的一段时间内，A&P公司一直占据着"美国食品零售之王"的宝座。

但是，就是这么一家声名显赫的全美食品零售之王，由于其领导人在20世纪70年代初期营业方针上的一次决策性失误，竟导致其濒临破产，最后被国外同行控股收购。

那么，A&P公司的失误究竟是怎样造成的呢？A&P公司的创始人叫乔治·亨廷顿·哈赫特。1859年，26岁的哈赫特与一个朋友合开了一家小红茶铺，贩卖中国和日本产的红茶，他降低经营成本，坚持薄利多销，很快发展了起来，哈赫特的儿子约翰更有着高超的经营思想和技巧，在他接手后，1930年A&P公司已拥有15737家连锁店，成为美国食品零售之王。

时光流逝，转眼间到了20世纪70年代。此时，美国食品杂货零售业又兴起了新的办店模式——创建方便食品店。其本质在于以优良的服务为顾客提供极大的购物方便，而不仅仅在于以低廉的价格取悦顾客。在这场食品零售业的革命中，原来默默无闻的塞夫威公司迅速攀升，成为仅次于A&P公司的第二大食品连锁商店，并有进一步对A&P公司取而代之的势头。

面对塞夫威等新兴公司的挑战，A&P公司的市场占有率受到了大量侵蚀，它的销售额和利润急剧下降。

正当A&P公司停滞不前的时候，1971年，59岁的威廉小凯恩接任了公司董事长兼总裁的职务。凯恩企图通过最大限度地降低价格、缩减利润来使本公司在竞争中重新夺回失去的顾客。结果，在实施这种超级廉价运动的一年内，情况变得一团糟，与凯恩原来所希望的截然相反。同时，A&P公司的降价策略也使竞争对手们对之怀恨在心，它在毛利率已经很微薄的行业中获得了“恶霸”的名声，其他商店联合起来对付它，采取同进同退、一致行动的方式排挤它，企图把它整垮。在巨大的压力下，A&P公司又开始亦步亦趋地学习它的众多竞争对手，急速提高商品的售价，哪知这一改革却使它落下了一个“猪八戒照镜子——里外不是人”的结局，渴望多争取到一些顾客，不仅没有争取到，反而使原有的顾客因其急速提价又转到别家公司了。

最后，塞夫威公司取代了它，成为美国最大的食品零售企业。

在A&P公司这个案例中，可以看出，导致其失败的根本原因在于其决策者对消费者的心理把握不够准确。20世纪二三十年代，西方世界平民的生活尚不富裕，在日常生活中，廉价的商品对他们具有极大的诱惑力，这时推出“经济商店”这一经营模式，大获成功。到了20世纪70年代，随着汽车的普及，美国的许多家庭由中心城市迁往郊外。在这种情况下，商品的廉价已经失去了意义，人们需要快捷、方便、高效的服务，购买商品时乐意挑选自己喜欢的品牌。同时，随着超级市场的普及和食品零售店的大量涌现，整个食品零售业的利润已经非常低薄。A&P公司仗着自己有一百多年的历史，资金雄厚，是美国食品零售第一的资历，不采取任何改革措施，殊不知消费者心理已经发生了变化。

企业要对市场需求进行深入的调查与分析。用户的需求包括现实需求和潜在需求，现实需求实际上就是社会购买力，它是指用户有支付能力的需求，即用户客观需求，既有能力购买又准备购买的需求。潜在需求也是社会购买力的因素之一，这种需求是潜伏状态的市场需求，是企业的用户未来的市场容量，掌握了这些状况及变化，便为企业了解市场供求趋势，以及产品的销售情况提供了科学的依据。企业要变，要跟着消费者的需求变，这才是硬道理。

专家指点

依据用户或消费者对产品的需求信息和趋势进行分析，是预测的基本内容。如随着购买力的提高，人们的需求层次将由生存型向享受型和发展型转变，消费结构也由注重吃向注重穿、用、住等方面发展。企业只有把握了这些信息和趋势，才能有的放矢地进行预见。

了解分析对手作出最佳预见

“知己知彼，百战不殆”这一规律不仅为古今中外许多军事家所推崇，作为一种智慧，一种决策制胜方略，它同样适用于社会生活的各个领域，特别适合于当前的经济领域。商场如战场，分析竞争对手，处于竞争优势，是企业竞争制胜的重要法宝。任何企业，包括销售企业、运营企业，要想在市场竞争中立于不败之地，就必须客观地及时地认识其直接的竞争对手和潜在的竞争对手，必须明确竞争对手的战略和目标、优势和劣势，从而确立行之有效的竞争战略和营销策略。

在商场上，企业经营者也应该像战场上的侦察兵一样，去了解、分析自己的竞争对手，了解同行的经营目标、产品开发、市场营销、人才战略等情况，这样才能提出相应的应对策略与对手周旋、竞争，使自己处于主动地位。

有些企业不愿意了解竞争对手，对对手不屑一顾，这样容易出现“大意失荆州”的事情。

在彩色胶卷市场，美国柯达公司长期占据美国市场的“霸主”地位。其他同类公司只有甘拜下风。但是，自从进入20世纪60年代以来，柯达公司受到了日本富士公司强有力的挑战。1984年，富士公司不惜花巨额美元，争取到洛杉矶奥运会组委会确认的指定产品标志，并获得在奥运会新闻中心设立服务中心的权利，奥运会期间，富士公司绘有奥运会五环标志和富士公司标志的绿色飞艇，一直飘在奥运会主赛场的上空，柯达公司在自己的家门口着实被羞辱了一番，富士公司的胶卷由此抢去了美国市场15%的份额。

市场竞争的挫折，使柯达公司重新认识了它的对手，柯达公司将注意力集中到富士公司，密切注意它的行踪，富士公司的每种产品，都要被柯达公司收集并送到实验室进行分析研究，以发现其中的奥秘。富士公司胶卷冲出来的照片比柯达公司的产品鲜艳得多，虽然颜色有些失真，但却受到普通顾客的欢迎。1986年，柯达公司学习富士公司的做法，也推出VR-G型胶卷，颜色比老产品鲜艳了许多。

柯达公司不但在产品技术开发上学习富士公司，在管理上也推行富士的全面质量管理方法。例如，两个公司的相纸上光部门，只要出现相当于人的头发1/10的线条，整个大卷的相纸就得作废，过去富士公司在这方面的损耗比柯达低得多，现在柯达公司这方面的损耗要比富士低，表明柯达已超过富士公司这方面的产品质量水平。另外，软片部门在1985年以前产品合格率只有68%，而开展学习富士公司活动以后，产品合格率在1985年达到了74%，1987年又提高到90%。

1986年8月，柯达公司把日本唯一的一艘大型飞艇租下来，涂有巨大柯达公司标志的飞艇日夜飘浮在东京上空；在1998年汉城奥运会上，柯达公司又以8000万美元的价格买下了汉城奥运会标志的使用权。至此，柯达公司总算报了 1984 年洛杉矶奥运会的一箭之仇。

一个企业能否做到知己知彼，关系到竞争的成败，只有了解对手，才能知其长处，攻其弱点，最终战胜对手。

知己知彼不是为追随、模仿或效法竞争对手，而是为了要建立一种与众不同的，既符合自己能力又能防止竞争对手的战略，以确保企业在竞争中获得优势。

1949 年以前，中国钢笔市场曾被“派克笔”所占领，这是由于派克公司四五十年代正值发展顶峰期，又有新“自来水笔”推出。不久，匈牙利人拜罗克兄弟发明了圆珠笔，由于圆珠笔实用、方便、廉价，一问世就深受广大消费者的欢迎，使派克公司大受打击，身价也一落千丈，濒临破产。

派克公司欧洲高级主管马科认为，派克公司在圆珠笔的市场争夺中犯了致命错误，不是以己之长攻其之短，反而以己之短，攻其所长。他筹集了足够的资金买下了派克公司，跟着立即着手重新塑造派克钢笔的形象，突出其高雅、精美和耐用的特点，使它从一般大众的实用品成为一种显示高贵社会地位的象征。

从这样的战略思想出发，采取了两项措施：首先是削减了派克钢笔的产量，同时将原来的销售价提高 30%。其次是增加广告预算，加强宣传。经马科的再三努力，派克钢笔获得了伊丽莎白二世御用笔的资格，从而大大提高了派克钢笔作为社会地位象征物品的知名度。

1989年，派克钢笔又一次提高了售价，以实用为标志的派克笔没落了，新的派克钢笔却以炫耀、装饰为标志的形式出现，派克公司随之也新生了。

只有知己知彼，才能以己之长克人之短。从优势与劣势的转化过程来看，比如两军对垒，力量强大的一方总力争凭借其“非对称”优势置对方于被动，而力量相对弱小的一方也会想方设法扬己之长，攻人之短，力图将对手和自己拉到同一起跑线上，使其心有余而力不足，让对手陷入“挥起拳头打跳蚤”的窘境才是上上之策。

20世纪80年代，在湖南召开了电炊具订货会。当时只有24家生产炊具的企业参加，实力稍逊一筹的厂家只有广东湛江家用电器公司。其余厂家均为实力雄厚的大厂家。面对如此强大的竞争对手，湛江家用电器公司没有急于在订货会上展示自己的产品，而是先看看其他厂家展出的产品。

结果发现，这23家企业的产品各有所长，但品种单一，规格不齐。于是，该公司迅速组织几名技术人员，悄悄地到附近农村去实地考察，发现那里因小水电资源丰富。农村千家万户已普遍用电，而且电费相当便宜。农民不仅需要电饭锅，而且要兼作炒菜、烧水、取暖、煮猪食用的电饭锅，同时，还需要适合小水电资源的系列电炊具。

几名技术人员立即拿出了系列化的适合当地条件的电炊具设计图纸。公司领导迅速决定按图纸设计赶制样品。一阵紧锣密鼓之后，他们又匆匆赶回订货会场，亮出了自己手中的“王牌”。最后，该公司以能够提供适合农村电

源、品种全、质量优、价格廉的系列电炊具，
二十几家厂商瞠目结舌。

实力较弱的湛江家用电器公司在当时的订货
关键在于他们注重信息并能及时地处理信息。他
通过实地调查，分析市场需求的特殊性和普遍性，
制人之短、迎合消费者需求的决策。

在这个充满变数的市场经济时代，哪个企业能
哪个企业就能处于优势；哪个企业能充分地了解竞
业就能在市场竞争中掌握先机，立于不败之地。你
的机会就越多，你的出路就越多；你对对手了解的
成竹，你就会临危不惧，处变不惊。

要对竞争对手进行全面分析，尽可能获得更多
何全面了解对手状况，以确定自己的对策呢？

一是辨识和确认竞争对手。辨识和确认是一个问
辨识在于明确可能的竞争对手；确认在于确定谁是真
竞争对手的辨识和确认，在实际工作中往往合二为一

二是确认竞争对手的目标。竞争对手是追求长期
眼前利益的；竞争对手是计划年产值1000万，还是一
是我们需要弄清楚的。弄清楚竞争对手的目标，我们
个胖子，还是一个瘦子。

三是确认竞争对手的策略。对竞争对手的了解，
对对手企业的一般情况的了解把握上，更重要的是了
策略，这是透过现象看本质。竞争对手将采取什么样
是价格竞争或是终端促销。

四是找到竞争对手的长处和弱势。竞争以实力为基础，分析对优势和劣势，是制定企业竞争战略和策略的重要基础。摸清主争对手的优劣条件，是对竞争对手进行分析的关键所在。通过要竞争对手的分析，以求最大限度地利用企业与其竞争对手的之处，扬长避短，避实就虚，寻求战略优势，使企业在与竞争激烈的对抗中占领先机，立于不败之地。

五是竞争对手的反应形态。分析竞争对手的目标与强弱，以作测竞争对手对于降价、促销活动或新产品上市等可能采取什么行动。同时，还须了解竞争对手的经营哲学、企业文化以及内想法，以研究竞争对手可能有何种行动反应或预谋。对于不同竞争对手，要采取不同的应对方法，以示区别对待。

企业要在如此激烈的竞争中生存和发展，就必须充分运用作为场竞争的导航和参谋的情报这个工具，千方百计地了解竞争对手竞争态势。只有知己知彼，才能百战不殆。

专家指点

战胜对手的有效竞争战略是认真了解和分析竞争对手。其中最重要的是弄清楚对手以下信息，诸如：竞争对手是满足于现状还是在寻求新的市场；竞争对手可能会采取什么样的战略和策略，这些对你的企业威胁有多大；竞争对手的弱点在哪里；自己采取行动会激起对手什么样的反应并损害己方利益。根据上述信息，进行比较、分析、研究，作出最佳预见。

利用关联思维预见新的商机

事物之间有着千丝万缕的联系，有效利用这些联系就能给自己带来财富。日本三菱公司就是这方面的典范。

1973年3月，扎伊尔发生了叛乱，这件事对于远隔重洋的日本企业似乎没有多大意义，但日本三菱公司的决策者却没有轻易放过这一信息。

决策者把目光锁定在了与扎伊尔相邻的赞比亚身上，赞比亚是世界重要的铜矿生产基地，他们认为扎伊尔叛乱很可能会对赞比亚造成影响。于是，公司情报人员密切注视叛军的动向。当得知叛军向赞比亚移动时，公司预计到叛军可能切断交通，由此必将影响到世界市场上铜的产量和价格。

当时市场上铜价还很平稳，三菱公司火速购进了一大批铜。果然，不久铜价上涨，每吨涨了六十多英镑，公司就此赚了一大笔钱。

三菱公司这次发的“战争财”就在于他们准确地抓住了信息，并进行了“挖掘式”的思索。由扎伊尔叛乱“挖”到与之相邻的赞比亚的铜矿；由叛军动向预见到交通切断，进而推测到铜价上涨，并立即作出购买决策，从而挖掘出了真正的宝藏。

美国亚默尔肉食品加工厂的负责人菲力普·亚默尔就是一个依靠关联思维而赚了大钱的人。

一天，菲力普在报纸上看到一则墨西哥发现了一种类似瘟疫疾病的报道。他马上就想道：如果墨西哥真的发生了瘟疫，则一定会传染到与之相邻的加利福尼亚和德克萨斯州，联邦政府一定会禁止从墨西哥和上面两个州进口肉食，由于加州和德克萨斯州是美国肉食品的主要基地，因此禁运一定会使肉食品大幅度涨价。于是菲力普立即派医生去墨西哥考察，证实瘟疫的确存在。菲力普紧接着便集资购买了这两州的牛肉和生猪并及时转运到东部。果然，不久瘟疫就扩散到上述两州，联邦政府马上就对其禁运肉食品和牲畜。一时美国肉食奇缺，价格暴涨。菲力普在短短几个月内净赚了900万美元。

亚默尔由一条消息发挥超前想象，预见到肉食品价格会上涨，于是在派人证实了消息的真实性后，立即囤积居奇。900万美元就是他正确预见所获得的收益。

我们要多做一些自由联想，可以通过相似对比及接近联想的方法来产生大量的创造性设想。

二战结束之后，联合国没有立足之地，洛克菲勒主动给联合国立足之地并且因此大赚了一笔，这其中起关键作用的还是关联思维。

第二次世界大战的硝烟刚刚散尽时，以美英法为首的战胜国的代表们几经磋商，决定在美国纽约成立一个协调处理世界事务的联合国。一切准备就绪之后大家才蓦然发现，这个全球至高无上、最具权威的世界性组织，竟没有自己的立足之地。

买一块地皮吧，刚刚成立的联合国机构还身无分文，让世界各国筹资，牌子刚刚挂起就要向世界各国搞经济摊派，负面影响太大。况且刚刚经历了第二次世界大战的浩劫，各国政府财政空虚，甚至许多国家都是财政赤字居高不下，在寸土寸金的纽约筹资买下一块地皮，并不是一件容易的事情。联合国成员国的代表们对此一筹莫展。

听到这一消息后，美国著名的家族财团洛克菲勒家族经过商议，便马上果断出资870万美元，在纽约买下一块地皮并将这块地皮无条件地赠给了这个刚刚挂牌的国际性组织——联合国。同时，洛克菲勒家族亦将毗邻这块地皮的大面积地皮全部买下。

对洛克菲勒家族的这一出人意料之举，当时许多美国大财团都吃惊不已，870万美元对于战后经济萎靡的美国和全世界都是一笔不小的数目，而洛克菲勒家族却将它拱手赠出了并且什么条件也没有。这条消息传出后，美国许多财团主和地产商名流纷纷嘲笑说："这简直是蠢人之举！"并纷纷断言，"这样经营不出十年，著名的洛克菲勒家族财团便会沦落为著名的洛克菲勒家族贫民集团！"

但出人意料的是，联合国大楼刚刚建成完工，毗邻它四周的地价便立刻飙升起来，相当于赠款数十倍、近百倍的巨额财富源源不断地涌进了洛克菲勒家族财团。这种结局，令那些曾经讥讽和嘲笑过洛克菲勒家族捐赠之举的财团和商人们目瞪口呆。

洛克菲勒集团的赠予是因为他们超前的觉察力使他们看到了未来，看到了联合国的所在地必然会产生巨大的财富。如果联合国被别的国家或地区吸引而去，那么，他们的损失就不是870万美元了。这是突破传统思维给洛克菲勒集团带来巨大财富的结果。

孙子兵法中有这样一段精彩的描述：敌人营寨上方集聚鸟雀，这表明下面是座空营；敌军在夜晚惊叫，这是恐慌的表现；敌营之中乱纷纷的，这是敌方将领没有威严的表现；敌人的旗帜摇动不定而且不齐整，是敌人的队伍已经不战自乱；用粮食喂马，杀牲畜食肉，收拾打水的器物，这是准备逃走的穷寇。观察敌人的动向，判断其意图，可以准确地捕捉到战机，并能借此获胜。

将孙子兵法的谋略运用于商战，在竞争中观察对手周围其他事物的动向，细心体味就会发现商机，就会清楚在什么时候出手最合时宜。成功的商人应该具有这样的能力，观毛发而知整体，窥一斑而知全身。

我们要有关联思维，要懂得“唇齿相依”的道理。

专家指点

企业家要练就娴熟的关联思维能力，它能使人的思维更加灵活、新颖、奇特，表现出更高的预见能力。能够思他人之未所思，见他人之未所见。根据事物的关联性预见新的商机。只要思维对路，方法得当，商机和财富就会随之而来。

多与专家接触预见更有保障

“专家”是指对有关领域或学科有一定专长或有丰富实践经验的人，从他们身上我们能够得到一些比较深刻的看法。

以下问题是否在你身上出现过？

随着企业产品消费群体的日益扩大，你所经营的企业在市场中的地位也日益提高，但深有危机感的你并没有因此而沾沾自喜，自命不凡，而是积极挖掘新的市场。很快，你的发展目光瞄准在一陌生行业科技含量较高的开发项目上，而且，市场行情要求你必须尽快地作出是否开发这一空白领域的决定。但令你遗憾的是，你在这一产品的生产、经营等方面的经验较少。怎么办？萌生的第一个念头，就是向专家请教，广集众人之智慧。可转念又一想：我如果向他们征求意见，他们很可能会在心里藐视我，认为我水平不高……

联想至此，你便闷声闷气自己研究了一番该项目的相关资料。正在这时，那些下属们呈上一份市场报告，其中详细分析了这一项目的开发，明确表明其弊大于利。可你执意不信，作出了决定开发的决定。但很快你就发现，这一开发决定是多么的幼稚可笑。

作为一名企业决策者，在经营环境错综复杂的今天，一定要懂得利用智囊之道，在自己知识有限，经验不足的情况下，一定要听取专家意见，避免使企业受到不应有的损失。

很多企业利用智囊拟订方案，主要是指企业决策者将需要决策的问题或实现决策目标所采取的途径、方法交给智囊机构去研究，既可以将一个问题只交给一个智囊机构去研究，也可以同时交给几个智囊机构背靠背的进行研究。同一智囊机构拟订的方案应有两个以上，各个方案之间还需要有质的差异。各个智囊机构拟订的方案要各有新意和独到之处，这样，企业决策者选择时才有意义。否则，送来的方案千篇一律或大同小异，也就谈不上什么选优了。

1981 年 5 月，国家决定密云水库要确保北京用水，今后就不再为天津供水了。天津的用水只能靠滦河下游的潘家口水库来解决。因此，天津市关于引滦入津的决策目标也就迅速确定了。但是，实现这个决策目标的途径却有许多条，这就需要利用和发挥各方面的智慧去拟订方案了。

当时，曾提出了南线和北线两个方案。有人认为，南线引水投资少，见效快，还能同时解决唐山与河北沿线地区的用水问题。而且，南线工程上马已 5 年并投资了 1.65 亿元，接着进行可确保提前竣工，既解决了天津燃眉之急，也节省了国家大量资金。但是，也有人提出北线方案。

北线是直接“专线”向天津引水，投资比南线大一倍，勘测时间也要延长 1 年，工程难度也大，但它的优点是，可以利用一些原有河道，占地少，拆迁任务小，沿线的交通和电源比较方便。这些还在其次，其最大优点是可以保证天津用水的决策目标。二者各有利弊，那么，怎样评估这两个方案呢?

当时的决策者们分析认为，南线方案虽然顾及到了唐山和河北沿线地区用水，却很难保证天津市的用水。因为，唐山是个重工业城市，耗水非常厉害，再加之其他地方的用水，很可能水流到天津就所剩无几了。这样，天津用水这个目标也就落空了。无论它有多少优点，但毕竟偏离和违背了“天津用水”这个决策目标，所以不是一个好的方案。

北线虽然投资多、工期长、难度大，但它是单独引水，能确保决策目标的实现，因此是最佳方案。

对于某一领域的情况，这一领域的专家应当最有发言权，其见解最具权威性，这是人们的共识。

现在很多企业都采用专家调查法来帮助企业作决策。专家调查法是运用一定的方法，将专家们个人分散的经验或知识汇集成群体的经验和知识，进而直接或通过简单的推算，对研究对象进行综合分析，寻找其特性和发展规律，进行预测的一种方法。专家调查法在科技、经济和社会发展的各个领域中有广泛的应用。

向专家作调查和索取信息所采取的方式主要有以下几种。

一、专家个人判断法

专家个人判断法是专家调查法最早出现的一种形式，其实质是当遇到问题时向其所聘请的个别专家或顾问征求解决问题的意见，或者向个别专家进行咨询。这一方法的好处是方便易行，不受外界影响，容易发挥个人的创造性和想像力；其缺点是受到个别专家的经验、知识面、知识深度和占有信息多少的限制，以及对预测问题是否感兴趣等因素的影响，易带片面性。

二、专家会议法

这是对专家个人判断法的一种改进方法，召开专家会议可以互相启发，通过讨论或辩论，互相取长补短，求同存异。专家会议所邀请的专家知识面广、信息量大、考虑因素多、能集思广益，有利于得出较为正确的结论。专家会议法的缺点是，在专家面对面讨论时，容易受到一些心理因素的影响，如屈服于权威和大多数人的意见，受劝说性意见的影响，以及不愿意公开修正自己发表的意见等，这些都不利于得出合理的预测结论。

三、智力碰撞法

智力碰撞法是借助于专家的创造性思维来索取未知或未来信息的一种直观预测方法，一般用于对战略性问题的探索。

智力碰撞法的实质是通过专家之间的相互交流和相互启发，使得在与会者头脑中发生智力碰撞，使专家意见不仅更集中，而且更深入、更具创造性。

引导专家积极开展创造性的思维活动是智力碰撞法的关键，因此，在组织专家会议时，应注意以下几点。

(1) 专家会议人数不宜过多，以10～15人为宜，专家的选择要与预测对象所属领域紧密相关。

(2) 会议主持人在会上能引导与会专家迅速进入自由讨论的活泼氛围，不要突出某个权威的观点，气氛民主，各抒己见，没有权威，只求真知灼见。

(3) 讨论的问题明确，注意力集中，一次会议时间不宜过长，以20～60分钟为宜，如果要讨论的问题较多，可以多召开几次会议。

智力碰撞法也有明显的缺陷，由于是即兴发言，因而存在着逻辑不严密、意见不全面、论证不充分等问题。因此，在实际应用时要注意扬长避短，或与其他预测方法结合使用，以达到相互印证的目的。

四、德尔菲法

德尔菲法（Delphi Method）是一种广泛使用的专家调查方法，此方法的实质是以匿名的方式，通过几轮咨询征集专家的意见，并通过有控制的反馈取得尽可能一致的意见。

德尔菲法是为了弥补专家会议法的缺陷而发明的。专家会议法有很大片面性，会议形成的结论性的意见往往是对能言善辩的人或者职位较高的人的意见进行的归纳整理。因此，需要有一种方法能够纠正这种片面性，把不善言辞的人的意见也包括进去，使全体意见一致起来，这就是德尔菲法。这种方法的特点就在于专家匿名回复，实行多次循环，留给专家思考的时间，尽情表达自己的观点。

德尔菲法大致按以下顺序进行。

(1) 以调查测验的格式，绘制一个关于预见对象的意见征询表，把想要预测的对的具体内容以提问的形式列出来；

(2) 把上述调查表分发给有关专家，请他们回答；

(3) 对专家们的答复进行收集和统计；

(4) 根据统计结果，把意见征询表再一次分发给有关专家，不过，这次要在综合第一次调查的基础上，附上第一次各位专家的意见，要注意专家的意见一定要匿名，这样专家就不会屈服于权威。

(5) 专家们看到第一回合的统计，就会清楚自己的意见是属于少数派，还是属于多数派。他们将参照统计结果再一次作出解答。属于少数派的人如果不太自信，那么，在第二回合中自然会加入到多数派的行列中去，而那些甘当少数派且矢志不渝的人则还会把他们的意见填入表内。

(6) 把调查表收上来，进行第二回合的统计，再发给各位专家。

如上所述，多次循环往复地进行调查，对上一次收集到的答复进行统计整理并把统计整理结果附上再一次向专家征询，经过几个循环，接受征询的专家们的意见就会渐渐一致起来，这就是德尔菲法所具有的特点。

这是一个很好的方法，可以在众多的专家当中，不偏不倚地征求意见并使大家的意见统一起来，从而得出想要的结果。这种办法也有一个缺点，循环的次数太多，耗费的时间太长，并且，那些不太愿意接受征询的专家可能会出现厌烦情绪。

企业一定要想办法把专家的意见集中起来，收集智慧，为我所用。

专家指点

利用专家集思广益是弥补企业决策者知识、经验不足的一个切实可行的途径。但一定要注意的是，专家一定是有识之士，是对该决策问题既有一定理论知识又有一定实践经验的内行。还有，要采取适当的形式，充分听取不同性格、不同见解和不同倾向的人对预见目标的看法。

留心平常事处处有商机

生活中有些闲事，往往看似闲而其实不闲，看似与己无关而其实有关。关键在于企业经营者或企业策划者能否巧妙地利用看似与己无关的闲事，在平平淡淡之中抓住机会。

马莉是英国一个小有名气的服装设计师，一天，马莉饭后在黄昏下的街头散步。走着走着，背后传来一阵女孩子的交谈声，马莉回头一看，是几个十七八岁的大女孩在边走边闲聊："现在流行的服装真没劲，真令人讨厌。"

"你这条破裙子还流行呢，难看死了，把它剪烂扔掉算了！"

"剪？对啊，如果把裙子剪一截，那不更能展示年轻女子的身材？不正好可以让少女们洋溢着青春的气息？"

马莉止步思索了一下，兴奋地跑回家动手制作起来。几天后，这种短裙一上市立刻就卖光了，并被称为"迷你裙"。犹如一阵风，穿这种"迷你裙"的少女出奇得多，大不列颠掀起一股争穿"迷你裙"的热潮。后来，又传到世界其他国家和地区。马莉因此被人称为"流行服饰产业的女王"，成了千万富婆。

马莉的成功在于从几个少女的闲聊中悟出了"剪"与"青春活力"的信息，并迅速付诸实践并占领市场，终于使自己在商海中领潮一时。

新产品的开发和新市场的开拓，不一定非要亲自去搞技术开发和技术升级，有时哪怕是生活中很小的一件事，就能触动你发明创造的那根神经。就在身边的一些熟视无睹的事物中，也孕育着很多的发明创造，而人们面对机遇，却常常做出怀疑自己的反应："能这么容易吗?”“别人早就想到了吧?”就这样，他们与赚大钱的机会擦肩而过。

西村金助是一个制造沙漏的小厂商。沙漏是一种古董玩具，它在时钟未发明前用来测定每日的时辰，时钟问世后，沙漏已完成了它的历史使命。

沙漏作为玩具趣味性不多，孩子们自然不大喜欢它，因此销量很小，沙漏的需求量越来越少，西村金助最后只得停产。唉声叹气了几天后，西村金助也想开了，决定先好好休息一下，生意的事等有机会再做。于是，他便每天看看棒球赛，读读书，听听音乐，或者领着妻子孩子外出旅游。

一天，西村金助翻看一本讲赛马的书，书上说：“马匹在现代社会里失去了它运输的功能，但是又以高娱乐价值的商品出现。”在这不引人注目的两行字里，西村金助好像听到了上帝的声音，高兴地跳了起来。他想：“赛马用的马匹比运货的马匹值钱。是啊！我应该找出沙漏的新用途！”

就这样，从书中偶得的灵感，使西村金助的精神重新振奋起来，把心思又全都放到他的沙漏上。经过几天苦苦的思索，一个构思浮现在西村金助的脑海：做个限时3分钟的沙漏，在3分钟内沙漏上的沙就会完全落到下面来，把它装在电话机旁，这样打长途电话时就不会超过3分钟，电话费就可以有效地控制了。

想好后西村金助就开始动手制作。这个东西设计上非常简单，把沙漏在两端嵌上一个精致的小木板，再接上一条铜链，然后用螺丝钉钉在电话机旁就行了。不打电话时还可以作装饰品，看它点点滴滴落下来，虽是微不足道的小玩意，也能调剂一下现代人紧张的生活。

担心电话费支出多的人很多，西村金助的新沙漏可以有效地控制通话时间，售价又非常便宜。因此，一上市销路就很不错，平均每个月能售出3万个。这项创新使看似没有前途的沙漏转瞬间成为对生活有益的用品，销售成千百倍地增加，面临倒闭的小作坊很快变成了一个大企业。西村金助也从一个小业主摇身一变，成了大富商。西村金助成功了，赚了大钱，而且是轻轻松松，没费多大力气。

可是如果他不是一个有心人，即便看到了那本赛马的书，也逃不脱破产的厄运，还很可能成为身无分文的人。这个故事给人们一个启示：成功格外偏爱那些有心人。借用一句名言，叫做：“有志者，事竟成。”也可以这么说：有心者，赚大钱。

专家指点

善用你的五官功能，就能得到重要信息。你的朋友、对手，报刊、杂志、电视……都会有大量信息随时随地供你参考；餐厅、酒会、咖啡屋……都能成为信息的源泉。现实生活中处处充满着信息，处处留心善于观察的人，总能发现有用的信息。也就是说，只要对信息敏感性强，对生活热情度高，就能从中发现商机。

展开想像的翅膀作出创意的预见

狄德罗曾指出："想像，这是一种特质。没有它，一个人既不能成为诗人，也不能成为哲学家、有机智的人、有理性的生物，也就不成其为人。"

想像是人类特有的一种机能，是预见的重要构成因素。预见者以想像为向导，神游未来世界，把心理模式变为现实世界。在任何一个平常的日子里，我们的一切活动，全是依靠想像完成的，因为一切思考都是由某种概念性的想像形成的，我们期待什么、相信什么，通常会得到什么。

愈是商品经济发达的社会愈难创新，无论从事何种事业，都必须具备 80％的既存常识，还必须具备 20％的独特想象。

美国人性格外向，青年男女喜欢在自然交往中发现知音，自由结合，但在很多公共场合，陌生男女之间不管是哪一方主动搭话，都会给人一种故意"套近乎"的感觉。纽约超级市场集团的老板们发现了这一"弊端"，便大胆推出了"超级市场单身者之夜"的活动。他们认为，超级市场才是适合青年男女首次接触的最佳场所，这不单单是因为超级市场具有清洁宽敞的环境，更主要的是面对五光十色的商品很容易使人找到话题。到了这里，即使是最腼腆的姑娘小伙也会显得轻松自然，比如询问一句："你知道这是什么东西吗？"就绝无唐突之感。

“单身者之夜”在每周二晚间举行，当晚每位来客都要在自己的胸前别上一个写有自己姓名的小牌，以便彼此认识。为了增加气氛，超级市场还经常请某些名人来做开场主持，讲风趣幽默的祝辞，场内不停地播放轻松的音乐，也搞一些抽奖赠送之类的助兴节目，使“单身者之夜”更适合青年人的特点。

这一招果然非同凡响。每逢周二晚上，纽约超级市场一改往日冷清的景象，变得熙熙攘攘，十分热闹。

经营者要想培养自己的创意能力，提高自己的想像力，需要从培养以下意识开始。

一是收集创意。创意是飘忽无形的，就存在于你的身边，我们应该记录下这些创意，或许你认为某些想像没什么用，但没准有一天会用得上。正如时髦与复古一样，很难保证明天轮到什么东西复古，或许是家具，或许是手表款式，甚至是发型。今天小青年五颜六色的头发，五年前很可能就会被人们看成怪物，然而今天却是时髦的象征。正如少年时代所厌恶的东西，进入青年时期或年纪更大时，反过来会欣赏一样，明白了人类这种好变的心态，就可以知道没有哪种产品是消费者永远嫌弃的，亦没有哪种是他们永远钟爱的。

因此，收集整理一切有关时下的创意并随时翻阅，看看如今的潮流趋势，想想会不会用得着。说不定，你会从过去看不上眼的创意中，寻找到新的赚钱机会。

二是抓住创意。随时注意市场的有关信息；经常留意市场内外的任何变化；注意消费者的品位有没有改变；留意其他竞争对手的动向。现在社会上的商品极其丰富，人们的消费需求也是一日多变，经营者需要着眼的地方到处都是，简直多得令人应接不暇，以致常常令人不知所措。有了高度的判断力就不会阵脚大乱，而能及时决定需要什么、舍弃什么。

大多数情况下，创意可以凭直觉获得，虽然每项创意均有一定程度的保留价值，但你总不能同时实行，唯有利用自己的判断力，暂时放下不尽合理的创意，首先与下属集中力量将创意焦点缩小，再进行多项研究和实验，将原有的创意具体化，才是初步的成功。

三是实施创意。被搁置一旁的创意随时待命而出。在生意场上，灵活和经得起考验的头脑最管用。任何生意都可能有赔有赚，再好的创意也只能是创意而已，要想将创意变为成功，还需要付出艰辛的劳动。创意的实施一定要快，因为生意场上变化莫测，今天最好的创意，说不定过不了多久就不是最好的创意了。只要你匠心独运，见人之所不能见，就会独树一帜，成功也会指日可待。

专家指点

真正的财富往往来自具有创意的构想，这种创意可能来自于一闪而至的灵感，也可能是一种厚积薄发。为了增加我们的创造力，首先是活跃我们的心智，每一份丰硕成果的背后，在最初阶段的表现必然都只是脑子里的想象而已。有创意的想像，富于理智与感情的想像，是企业制胜的一个法宝。

第六章 预见危机 企业成功的关键

在顺境中放松警惕最危险

危机在什么时候出现，也许谁都无法准确地预测，尤其是当外界多种因素同时发挥作用的时候，危机的出现更是让人捉摸不定，但是可以肯定地说有一种情况是最容易出现危机的，那就是当你所处的条件非常优越而对外界放松警惕的时候。

有史书记载，后唐时期，宰相冯道有一次奉命出使一个叫中山的地方，道路时而平坦时而崎岖。当走到道路险要的地方，他唯恐马失前蹄，坠入山谷，就格外地小心，不敢放松缰绳，所以平安无事。但是，遇到道路平坦的时候，他放松了警惕，信马由缰，让其自由驰骋，结果好几次从马背上摔了下来，腿部也被摔伤了。

可见，虽然处处都潜藏着危险，但是危险究竟什么时候才会发生，还取决于人们对险境持有的态度。危险发生的可能性越大，人的警惕性就会越高，从而化险为夷；当危险最不可能出现的时候，人们往往麻痹大意、不能居安思危，危险发生的可能性就变大了。

有这样一则耐人寻味的寓言故事。

在一个天气晴朗的早上，有三个人一起出门，第一个人为预防下雨带了把雨伞，第二个人为预防跌倒带了根拐杖，第三个人则空着手什么都没带。那天正好赶上天气突变，下了一场大雨。结果晚上回来，带拐杖的人跌倒了好几次，弄得浑身是泥水；带伞的人衣服几乎全被淋湿了，只有那个空着手什么都没带的人平安无事。前面两人看着第三个人，很是纳闷，问他这是怎么回事。

第三个人笑着问带雨伞的人：“你为什么被雨淋了，怎么没有挨摔呢?”

那个人回答说：“因为我拿着雨伞，所以在雨中行走的时候顾忌就少了，结果就被雨淋湿了；因为没带拐杖，所以遇到难走的地方就格外地小心，结果就没有摔跤”。

第三个人又笑着问带拐杖的人：“你为什么摔了跤，却没有被雨淋湿呢?”

那个人回答说：“正是因为带了拐杖，所以遇到不好走的路也不在意了，结果被摔了跤。由于知道自己没有带雨伞，所以就找能够避雨的路走，雨下大了，就在避雨的地方多待会儿，等雨不下了再接着走。”

第三个人最后告诉他们自己既没摔跤又没被雨淋的原因，是因为下雨的时候就寻找能够躲雨的地方走，道路泥泞时就格外小心翼翼，所以才会平安无事。

这则寓言故事启示我们，当一个企业具备某些方面优势的时候，往往会忽视这方面出现问题的可能性，当某方面的条件比较欠缺的时候，就会格外警惕这些方面可能潜伏的危机，所以就不容易遭受意外损失。

17 世纪，郁金香的一些品种堪称欧洲最为昂贵的稀世花卉，一度在鲜花交易市场上引发异乎寻常的疯狂追捧。1635 年，那些珍贵品种的郁金香供不应求，加上投机炒作，致使价格飞涨 20 倍左右。在投机的巅峰时期，其价值甚至抵得上一幢好房子。但是，1636 年由于供过于求，郁金香价格狂跌 90%。到 1637 年 1 月，荷兰郁金香市场俨然变成投机者伸展拳脚的舞台。当局痛感市场投机的危险，最终采取了一些极端措施来制止任何形式的投机行为，这就是金融历史上著名的郁金香泡沫。

在郁金香泡沫的灾难中，虽然受难的是多数人，但并非没人从中得利。在郁金香投资达到高潮的时候，就有一个投资商在其价格达到原来 18 倍的时候果断卖出退场。当时有人问他为什么不等价格更高的时候再卖出，获得更大的利润。这个人反问道："你认为现在的价格正常吗？既然现在的价格都已经如此不正常了，我能获得 18 倍的利润足以满足了。价格再高当然可能，但其中的风险同样很大。何况，现在我还可以用挣到的钱投资到其他地方去。"果然，这个人退出郁金香市场不久之后，郁金香泡沫就破灭了。这个人不仅避免了损失，还在其他领域的投资中获得了巨大的收益。

在激烈的市场竞争中，企业只有意识到最辉煌的时候也就是最危险的时候，才不会陶醉于一时的"卓越"之中，时刻保持危机意识和清醒头脑，不断地追求卓越，在成绩面前取得更大的成绩。

小天鹅集团就是一个能够在成就面前保持清醒头脑，

不断锐意进取的典型。该集团总裁朱德坤说：办企业要有如履薄冰的心态，即便走在红地毯上也要有在悬崖边行走的感觉。

为了避免在成就面前自己被自己打倒，小天鹅集团提出了“末日管理”理念。其核心观点就是：“企业发展到某个制高点就容易走下坡路”。

“小天鹅”洗衣机销量在全国连续多年保持了第一、赢利高达上亿元的大好形势下，洗衣机行业的这个“排头兵”将“末日管理”融入到生产服务的各个环节，时时刻刻鞭策着自己向更高的目标进军。

有一次，一批准备发往广州的“小天鹅”洗衣机在装上火车后，抽检人员发现一台洗衣机的排水管存在轻微的漏水问题。有人认为这不是什么大问题，换一根排水管就解决了，大不了把这台洗衣机撤下来再换一台。但是问题反映到集团总裁朱德坤那里后，他认为问题并没有这么简单，于是迅速赶往现场，要求对已经装上火车的600台洗衣机全部检查一遍。经过一番检查仅发现有两台洗衣机存在类似的问题。但是通过这个事件全体员工的质量危机意识增强了。

正是由于小天鹅集团能够在成绩面前严格要求自己，毫不放松，所以连续几年保持了产品全国销量第一的位置，而且与五年前相比经济效益提高了130多倍。

被美国人誉为“坐在世界巅峰的人”的比尔·盖茨就是一个具有很强危机意识的人。“不论你的产品多棒，你距离失败永远只有十八个月。”微软公司的这一著名口号正是比尔·盖茨危机意识的体现。当微软利润超过20%的时候，他却提醒员工们说利润可能会下降；当利润达到22%时，他还强调会下降；当微软取得今天惊人的成绩的时候，他仍然这样提醒员工。正是这种“十八个月破产临期”的危机意识才使得微软在成就面前不敢懈怠，时刻不断鞭策自己，缔造了巨大的电子帝国。

每次成功对企业都是一场新的严峻考验，可以说，成功本身就是危机。这时如果骄傲自满，稍有不慎就会掉进失败的深渊。

在鼎盛时期放松警惕，是很多红极一时的品牌继而变得悄无声息的原因所在。

专家指点

企业最好的时候往往又是最不好的时候，末日往往就是从这时开始的。一种产品的销量愈是接近鼎盛期，也就愈接近衰退期。越是品牌美好的时候，就越有可能发生衰退。企业经营者一定要懂得盛极必衰、物极必反的道理，这样才能提前预见可能出现的危机，保持企业的平稳发展。

预见潜在问题避免“亡羊补牢”

主动寻找企业存在的问题，是预见由盲目走向自觉的关键一步；提前发现企业存在的问题，是企业走向成功的保证。

企业的问题，就是现实的情形与理想状态之间的差距，当企业的进程与人们的要求与设想不符时就可说是出现了问题。当然等问题出现了就为时已晚了，因此，企业管理者要有发现问题征兆和信号敏锐的洞察力。

决策的预见性，不但取决于决策者个人的能力高低，还取决于决策者对企业潜在问题的洞察力。正视潜在问题，提前预防，就能增强决策的正确性。从而为企业的未来发展减少不必要的损失，这是决策预见性的一个重要方面。

然而，现实中却有很多人对于潜在的问题抱有幻想，认为它既可能发生，也可能不发生，如果是后者岂不浪费精力？所以，他们宁愿等到问题出现时再去应付，而不愿意提前分析、提前预防。这是一个很严重的错误，因为决策毕竟不是一种冒险行为，对潜在问题的分析虽然不能准确地预测未来会发生什么，但起码可以降低发生问题的概率。多一点超前预见力，就可以少给企业造成不必要的麻烦和损失。

以前，一家造纸厂生产一种精致的黏土处理纸张，这种纸张适合高品质的彩色印刷，市场占有率很高，当时，几乎三分之二的权威杂志都是以这种纸张印刷的。这种精致的纸张被视为是无可比拟的，基本上是供不应求，不能够满足市场的需求，虽然这种纸有点重——是90克的。对这种供需状况这个造纸厂的管理者很是得意，甚至有点自满自足。

不料情况发生了变化，政府允许邮局大幅提高杂志及其他出版物的邮费。出版商们立刻打电话给这家公司，询问是否有品质相当，而重量比原来轻一半以上的纸张。造纸厂的回答是：能够开发出一种品质类似只有40克的纸张，但要在一年之后才能上市。出版商的反应是："难道你们就没有人预料到会发生今天这样的事情吗？多谢你们了。"

不到两个礼拜，该造纸厂的纸开始卖不出去，因为大批顾客改用一种40克纸张，是另外一家造纸厂生产的。这种纸的品质并不如原来黏土处理的纸张，然而它却比较便宜，而且邮寄成本只有原来的三分之一，而顾客所关切的正是邮费这件事。

该造纸厂的主管后来与人谈论所发生的事情时，对本厂预见问题反应迟缓深表遗憾。他说："我们的纸张很重，也知道邮局多年来一直想要提高邮费的事情。但我们一直没有采取行动，一直没有处理这个问题。"

类似这样的例子不胜枚举，不要总是等问题出现了才想到如何去解决它，而是要主动去预防可能出现的任何问题，决不能对问题采取守势。

企业在发展过程中，不可避免地会存在一些问题。美国通用汽车公司管理顾问查尔斯·吉德林提出："把难题清清楚楚地写出来，便已经解决了一半。"后来，人们将这一方法称之为"吉德林法则"。解决一切问题的前提是看清问题的关键在哪里，找到了问题的关键，也就找到了解决问题的方法，剩下的就是如何来具体实行了。

早在20世纪80年代初期。宝马汽车厂已经从一个小型汽车厂发展成为潜力雄厚的汽车公司，公司总裁埃伯哈德在此时决定，要在未来10年使宝马汽车成为德国排名第一的汽车品牌。但当时这项目标的实现遇到了两方面的阻力：第一，创新能力停滞不前；第二，面临奔驰汽车的有力竞争。

宝马汽车在20世纪60年代就开发出了三个系列的原型发动机，并借此项成果在市场上占有了一席之地。但是多年来，宝马汽车在创新能力方面却没有明显的进步。而就在宝马公司开发创新停滞不前的时候，奔驰公司却推出了一种小型汽车，并且在市场上反映良好，这对宝马汽车造成了相当大的威胁。为了同奔驰公司相抗衡，宝马公司则推出了最新发展的得意之作——宝马5系列车型，但是其市场反映仍敌不过奔驰汽车。

面对市场失败的情况，埃伯哈德态度明确，他认为“认识到问题就等于解决了问题的一半”。他语气坚定地向各部门主管表示，公司业绩不振的最大原因在于有太多的人害怕犯错误而不敢果断地放手去干，他一再强调，只有抛弃故步自封的心态，公司才能突破停滞不前的难关。

为了展开全面的反击，他最后决定对宝马7系列汽车进行改良，以便和奔驰S型车系决一雌雄。这个系列聚集了宝马30年代汽车之大成，在和奔驰公司竞争了17年又5个月之后，宝马公司终于在1987年反败为胜，成为德国国内高级轿车的销售冠军。

宝马公司与奔驰公司的较量，在很大程度上是品牌与技术的较量。奔驰是名牌产品也是老牌名车，宝马公司要想与奔驰公司一决雌雄，唯有找出自己的不足，才能全面反击。后来的事实证明，当宝马车以新颖的车型、优质的服务异军突起后，终于取得了与奔驰车齐头并进的成功。

为了能够及时发现问题从而保证有效的决策，决策者应当提高自己对问题各种因素的警觉。

一是例外原则法。把理想状态与实际情形加以衡量对照，如果二者相符便属正常，不相符则属例外。如果发现例外情况，就可进一步对差距的大小、原因进行深入的研究，从而揭示问题。例外原则的基础是根据理想状态建立一个大致可靠的期望标准，即企业的未来发展所希望达到的理想程度，超过或未达到这一标准，就意味着出现了例外偏差。这一标准的可靠性关系到确定问题的准确性。因此，理想状态的准确描述和标准的确立对于问题的发现具有重要意义。

二是偏差记录法。这种方法要求决策者周期性地考察和询问企业内外发生了什么变化，有什么不同寻常的现象出现，并将所有脱离正常轨道的偏差记录下来，然后可对这些偏差进一步加以分析研究，看它是否属于决策问题。这一方法与例外原则法的区别在于，它所记录的偏差并不仅限于不合理想状态的情况，而且能体现出一个相对于过去而发生的变化，能与过去有一个对比，虽然这种方法花费的精力较大，但要想在迅速变化的环境中找到问题还是很有必要的。

三是企业诊断法。企业诊断法类似于体格检查的方法，它包括对企业机体进行的量度、评估和分析，其中要用到诸如试探、统计、审计等一系列手段。由于诊断通常需要专门的知识和技能，而且由于局外人的意见通常较少带有偏见，所以有的决策者常常请外面的专家来帮助诊断。例如，美国某些企业的领导者苦于自己处在当局者迷的境地，便请大学的管理学者来对本企业进行组织诊断，从一点一滴的小事中发现潜在的问题，及时清除隐患，以保证企业机体的健康。

四是参照法。决策者除了要善于运用上述各种方法去发现问题外，还可以用参照法，从多个方面了解实际情况从而找出问题所在。从与竞争对手的比较当中同样可以发现自己的问题，通常企业总是面临着同行业的竞争对手，和他们进行对比，你就能发现自己的差距在哪里，失误的地方在哪里。

总之，忽视潜在的问题对企业来说就意味着灾难。对付潜在问题的准备，只能是在潜在问题还没有发生的时候；否则，若潜在问题演变成了现实问题再去处理，那就得不偿失了。

专家指点

在市场经济条件下，如果让问题完全显露出来之后才觉察并采取行动往往为时过晚。所以，决策者应当采取积极主动的姿态，经常对本企业的潜在问题进行搜索，防患于未然。尽管这样要付出代价，但比“亡羊补牢”造成的损失要小得多。潜在问题有巨大威力，在未爆发之前，它温柔得就像小河里的水；然而它一旦爆发，就像势不可挡的洪流吞噬整个企业。

练就第六感觉预见更加准确

第六感觉是标准名称“超感官知觉”（英文简称 ESP）的俗称。是一种某些人认为存在的能力。练就第六感觉，察觉危机发生前的征兆对于成功躲避危机，避免不必要的损失是非常重要的。在被海啸席卷的印度洋岛国斯里兰卡，死亡人数达到了数万人，但令斯里兰卡野生动物学家大感惊异的是，他们居然没有发现一具动物的尸体。

亚拉国家公园位于斯里兰卡的东南部，是斯里兰卡最大的野生动物保护基地，其中生活着数百头的野象和不少美洲豹。在这次海啸中，亚拉国家公园曾经被高达 3 公里的海浪冲刷，但人们没有发现一头大象死亡，他们甚至没有找到一只野兔的尸体。

野生动物专家们认为，动物预先感知到了这场灾难，它们有比人更灵敏的第六感觉，它们感觉到了要发生的事情的征兆，因而早早地避开了这次灭顶之灾。在大地震发生之前会出现动物鸣叫、井水波动、鱼跳出水面、天空闪过蓝光等异常现象，这些都是大自然向人类传达的地震等自然灾难将要到来的信号。如果我们不知道这些信号，或者不重视这些信号，就会遭遇灾难的袭击。

为什么我们会发现有的企业在事情发生之前或者在事情还没有产生后果的时候，就已经有了应对的准备和行动；有的企业在事情发生的当时才能够采取相应的行动；有的企业则必须等到灾难性的后果已经发生了才能反应过来呢？原因其实很简单，提前反应的企业能够及时把握事情发生的征兆，根据事情的征兆预测了事情发生的可能并采取了相应的行动。而其他企业就做不好或做不到这些。

1979 年 12 月，美国麻省理工学院气象学家洛伦兹在华盛顿的美国科学促进会的一次讲演中提出：一只蝴蝶在巴西扇动一下翅膀，有可能会在美国的得克萨斯州引起一场龙卷风。这就是著名的“蝴蝶效应”。现在，“蝴蝶效应”常被人们用来说明世界是相互联系、彼此影响的，但如果从另一方面进行思考，“蝴蝶效应”也说明事件都是有其原因的。

日晕而风，础润而雨。日晕可以看做是风来的信号；础润可以看做是雨来的信号；风来，对于出海的人来说是个危机，应当靠港避风；雨来，对于船漏屋破的人来说也是个危机，应当修船补屋。

不要把能事先发现征兆并提前采取行动的人看得多么神奇，他们没有什么特异功能，只是相信一切皆有征兆，每一个征兆都预示着一个可能。分析征兆，就可以知道事情发生的可能及后果，就可以从中了解并采取及时应对的需要和计划。

我国保健品行业的龙头企业海王生物公司就是因为没有敏锐发现危机来临前的征兆而走入衰退境地的。

1999 年年中，海王生物公司的税后利润是 2700 万元，到 2001 年年中达到 4200 万元的高峰，但是到了第二年一下子跌至 1200 万元，跌幅之大令人吃惊。

这看似突然的事件其实早在 2001 年的时候就已经显现出了苗头。2001 年海王生物公司的生产规模比上一年几乎翻了一番，但是纯利润增长率没有相应增长，反而明显下跌，企业扩张速度超过了销售增长速度就是海王生物公司的危机信号之一。此外，海王的净资产收益率呈逐步下降趋势，而且到了 2001 年的时候海王生物公司的市场声誉值几乎直线下降。尤其是当一篇名为《海王生物，欺诈成就未来》的文章被刊登之后，种种质疑蜂拥而至，给海王声誉以沉重打击。

从对海王企业出现的危机的分析可以得知，很多危机到来之前都是有规律可循的，这可能表现为少量高级人才流失，市场份额逐渐萎缩，赢利能力偏弱，执行力较差，信息沟通、传递不畅，创新能力低，缺乏发展后劲等。企业管理者如果对此不以为然，继续我行我素，其结果必然会加速危机的到来。

看看"华榕好佳家"衰败的历程，我们就能体会到忽视第六感觉的害处。

2002年4月26日下午，在蒙蒙细雨之中，在福州市"华榕好佳家"连锁超市约8000平方米的营业大厅中，只有五六个小商贩在门厅围起一块三十多平方米的地方"清仓挥泪大甩卖"，其中两个商贩在专注地下象棋。抬眼望去，贴在二楼外墙上的"招租"二字令人注目。"华榕好佳家"超市至此兵败福州。

由于长期拖欠供货商货款，2001年12月27日晚9点，上百家供货商忍无可忍，愤然冲进福州市"华榕好佳家"超市欲以强行手段拉货。第二天，"华榕好佳家"以"本日盘点，停止营业"为名暂停营业。消息传出后，迅速引起连锁反应，四百多家供货商集体上门向整个华榕集团逼讨欠债并停止供货，手持华榕超市提货IC卡的消费者也闻风而动，挤到超市抢购商品，许多店铺几乎被搬空。于是，一些华榕超市的连锁店纷纷"闭门谢客"或干脆"改换门庭”。几乎在一夜之间，号称福建省规模最大、实力最强并连续两年进入“中国连锁企业百强”行列的华榕连锁超市全线“崩盘”。这就是著名的“华榕事件”。

实力强劲的华榕超市为什么会不堪一击呢？有人一针见血地指出，导致“华容事件”爆发的原因主要有以下三个方面：一是“华榕”的资金流出现危机后未停止扩张的步伐，摊子越铺越大；二是福州超市市场吸引了外资超市的进入；三是市场竞争日趋激烈的行业大背景的冲击。这三个方面的征兆在“华榕事件”爆发前，就已经不同程度地显现出来了。

华榕公司从成立那天起，股本金就没有到位过，实有资本金只有1000万～1500万元。资本金的严重不足使华榕资产负债率高达80％以上，华榕公司的财务危机从一成立就显露出了其先天不足的征兆。

资金流蕴藏着巨大的危机，然而成立后几年来，华榕公司凭借销售优势，力求迅速扩张，大做“空手套白狼”的“无本”买卖，华榕公司采取延期支付供货商货款的手段“圈”钱，并迅猛扩张发展起来。到1998年底，华榕超市连锁店达91家，其中加盟店39家，当年营业额达3.4亿元，资产总额达1.76亿元。

接着，在根基不稳的情况下，华榕公司又盲目向外发展网点，结果出现严重亏损，在南京亏损1000万元，在苏州亏损250万元，在三明市亏损350万元。亏损额不断增加，华榕公司就变本加厉地拖欠货款，直到2001年资金实在无法周转之时，华榕公司欠债多达5000多万元，其中拖欠供货商的货款为4200万元。资金流的危机征兆更加明显，而盲目扩张的危机迹象也开始显现。

在“华榕事件”发生的2002年的前一两年时间，麦德龙、沃尔玛等外资超市及台湾地区超市“好又多”等陆续进军福州，给福州本土超市带来冲击。在激烈的竞争中，福州的一些超市也发展起来，如永辉超市、新华超市等也占有一定优势，客流量比外资超市大。福州超市行业转向更激烈竞争时期的征兆已经显现。而“华榕”在面对激烈的竞争时，运行模式没有及时调整以顺应变化，而是应变滞后。行业竞争危机的征兆也在华榕身上开始出现。

以上征兆的出现，并没有引起华榕公司应有的重视并随之采取措施，所以其兵败福州是必然的。一个企业如果不能敏锐地捕捉到危机来临前的征兆或信号，危机一旦爆发就可能给企业造成灾难性的损失。

专家指点

其实，在每次危机发生之前都有某种特殊的征兆，如果能及时发现并读懂这些征兆，就有可能避免最终的危机。一个优秀的企业经营者，一定要有发现预示企业兴衰征兆的敏感性，练就灵敏的第六感觉，致使预见更加准确。

防微杜渐把危机消灭在萌芽状态

防微杜渐，将危机消灭于萌芽之中。一个人有了强烈的危机意识，就可能采取各种措施加强对危机的防御，但是能否避免危机的发生，还要取决于能否发现引发危机的细节。细节就像组成人体内的细胞，看似微小但对于整个生命体来说却发挥着举足轻重的作用。如果一个细胞出现变异、发生质变而得不到早期的发现和控制，就会向整个身体扩散最终形成病变，即便是健康的身体，也会被小小的变质的细胞击垮。

如果我们在工作或生活中犯一些小错误而在自己心中持无所谓的态度，那么久而久之这些小错误就会酿成大祸患，那时再采取措施就已经为时已晚了。那些走上违法犯罪道路、落得身败名裂下场的官员大多都是从收受他人的礼品，接受对方的宴请这些“小事”开始的，继而发展到收受别人大的贿赂，直至变得失去理智并一发不可收拾，最终因触犯刑律而受到惩罚。

我国历史上有一个“一钱斩吏”的故事，讲的就是县官将祸患消灭于萌芽状态的事。

古代有一个小吏，每天回家都要从县衙内偷一个铜钱。有一次偷钱时被人抓住了，人们就把他送到了县衙的大堂上。县官问他偷盗财物该当何罪。小吏回答说，自己只不过偷了一个小铜钱而已，这也算得上犯罪？县官一听勃然大怒，对小吏斥责道：“‘绳锯木断，水滴石穿’的道理你不懂吗？一日一钱，千日千钱。小偷小摸的次数多了，同样可以导致大罪。”最后，县官不是依据他偷了一个铜钱，而是以屡次犯罪判了他的刑。

防病、治病于未发或始发之时，发现祸患的苗头尚在萌芽或刚刚显露之时，便毫不留情地斩草除根，所收到的效果最佳。否则，及至东窗事发或病重危及生命，才想到动手术、下猛药予以惩戒、挽救，尽管对当事人是一种最好的警戒，但造成的损失却难以挽回了。

任何一个企业都希望发展顺利平稳，但在许多情况下只因一个小失误就可能使一个企业倒闭。

许多时候，一个小失误可能会引发出大的危机，然而如果处理得当，就会转危为安，不仅可以化解危机，而且还可以为企业带来生机。要做到这一点，就要学会在营销问题上抓住"危机""小题大做"，甚至在别人看来是微乎其微的"小题"上"大做"文章。荷兰汉肯啤酒公司就是这么做的。

1993 年 8 月 27 日，中央电视台"新闻联播"栏目播放了这样一则消息：荷兰汉肯啤酒公司正在回收它投放在澳大利亚、瑞士、英国、中国香港等 8 个国家和地区市场的一种玻璃瓶装啤酒。

消息发出后，商界一片愕然。因为汉肯公司是世界第二大啤酒公司，其产品长期以来一直雄踞国际市场，此时要收回已经投放到 8 个国家和地区的啤酒，不仅经济损失十分巨大，同时也冒着极大的风险。汉肯公司为什么要这么做呢？

原来，汉肯公司在啤酒装瓶生产过程中，检测出了混有玻璃碎渣的产品，于是怀疑已经投放到国际市场的这种啤酒可能是漏检的"危险品"。为了保证顾客的安全，他们主动出击，决定回收！在回收这种啤酒的同时，汉肯公司还一再声明：为了您的健康，请暂时不要买这种啤酒！

汉肯公司的这一举动遭到很多同行人士的嘲笑。他们认为此举完全没有必要，即使有残存玻璃碎渣的啤酒漏检，其数量相对来说也是微乎其微。汉肯公司完全可以按通常的做法，对碰到这种不合格啤酒的消费者适当地赔偿就行了，用不着这么“小题大做”。

其实，汉肯公司这样做另有用意，汉肯啤酒是世界名牌啤酒，这样做不仅保住了品牌，也吸引更多消费者安全需要的注意力，使汉肯啤酒名字更响、名声更大、信誉更高。事实证明，等到旧的汉肯啤酒回收完毕、新的汉肯啤酒重新上市时，消费者掏钱买汉肯啤酒的积极性更踊跃了，在一些地方甚至掀起了饮用汉肯啤酒的热潮。比起回收啤酒所付出的代价，汉肯公司赢得了更多更大的利益。

哪怕是一丁点儿的“危机”，企业也要保持高度的敏感，对危机迹象进行科学的监察、诊断，迅速拿出有力措施，把危机消灭在萌芽状态；同时，可以主动利用危机做文章，树立自已完美无缺的形象，以赢得消费者的信赖。

一切事物的变化总是从量变开始的，一定程度量的积累就会促使事物的性质发生变化：一个蚁穴微不足道，但不及时堵塞就能使长堤毁于一旦；坚硬的岩石也有被柔弱的水滴慢慢击穿的那一天；粗壮的树木也会被细小的绳索慢慢锯断。因此，只有防微杜渐，随时清除身上的不利因素，才能避免大的隐患。

危机防范是成本最为低廉的危机管理方式。对此，管理专家认为，消除危机于萌芽状态，就要在日常经营管理中防微杜渐。企业在运作过程中，应随时保持敏锐的洞察力，密切关注任何一个可能发展成为危机的小问题，只有这样才有可能把危机消灭在萌芽状态。

专家指点

任何危机的形成都有一个由小到大、由弱到强、由量变到质变的过程。想方设法将危机消灭在萌芽状态，避免可能发生的危机，是成功企业主管应有的眼光和能力。一个微小的变化经过不断地放大，最终的效应是不可低估的！一个看似弱小的危机如果不加以处理，任其发展，就会引起连锁反应，造成多年苦心经营的品牌形象和企业信誉毁于一旦。

经营盲目跟风预见必然落空

人的眼界有高有低，眼界低的人目光短浅，对事物看不出个所以然来，只会盲目模仿别人。这就是学者常说的“趋热心理”，人云亦云、亦步亦趋、“一窝蜂”等都是说的这种现象。

市场上有一种商品挣钱了，人们就会马上跟上去，可以说“跟风”或模仿别人是大多数经营者赚钱的法则。但是，随着社会的发展，任何一种商品都要不断改进，才能迎合人们不断进步的要求。凡事盲目跟风，快的话还可以赚一点钱，如果慢的话不但赚不到钱，反而还会把老本给搭进去。有这样一句话，叫做：“第一个做的是天才，第二个做的是庸才，第三个以后做的是蠢材。”所以，对于经营者来说，一定不要一窝蜂地追逐别人。

请看这样一个故事，我们或许有所启发。

有一个住在山区的农民靠卖土特产大枣生活。但是整个山区种枣的人很多，一年下来虽然丰收了，但是枣的价钱却一跌再跌。村民们想，总不能等降到最低的时候才去卖吧，于是纷纷抛售自己的大枣。但是这个农民却没有盲目地把自己的大枣卖掉，而是想出了一个更好的方法。他建了一个保鲜库，把卖不出去的大枣全部贮存起来，等到了冬天再拿出来卖，说不定还能大赚一笔钱呢，他这样想着。

果然，他贮存的保鲜大枣在春节期间被抢购一空，赚了一笔大钱，这个农民非常高兴。连连为自己的精明判断和大胆举动感到自豪，而其他农民也为他的能力所折服。

到了第二年，村民们纷纷效法。大枣成熟以后，价格再高村民们也不卖了，反而都贮存了起来，只等冬天到来再去卖个高价，期待着也能像那个村民一样发一笔大财。但村民们的愿望落空了，春节期间市场上到处都是贮存的大枣。枣价又跌了下来，村民们的收入丝毫没比去年多。

回头再看那位第一个做保鲜大枣的村民，在秋天的时候他看准了价钱，已把大枣销售一空，比别人又多赚了一些钱。

盲目是很多企业的“通病”，对行业缺乏深度审视，对市场缺乏深刻了解，像一窝蜂一样追着别人跑，结果导致了一次又一次的失利。

有些人在确定经营方向时由于经验或信心不足，为了急功近利，喜爱盲目跟风，哪行赚钱就做哪行，别人做什么自己做什么，总觉得这样能减少投资风险，而且少走许多弯路。然而，市场运作有其自然规律，当市场过于饱和时，利润空间就会缩小，“一窝蜂”热潮有时正预示着“恶性竞争”即将来临，一旦跟错就会掉进陷阱。

松下幸之助就曾经经历过这样的事情，然而他作出的是正确的决策。

1925 年，松下幸之助到东京办事处巡视，办事处里面摆着真空管。他第一次看到“真空管”，那时候它被装置在收音机里，非常畅销，办事处主任对他说：“这是最近东京最畅销的东西，大阪方面是不是要卖卖看?”

松下先生听了以后觉得“很有意思”，希望能够尽早在大阪发售。因此当场就指令和真空管制造厂交涉。结果发现那家工厂规模很小，资金也不雄厚。生产根本赶不上订货，就当场先付出价款购买 1000 个，想多买一个都有困难。

回到大阪，松下先生就和真空管的批发商接触。当时因为来货很少，大家都急着赶快订货，这种情况大概持续了五六个月。而松下电器也因此多了一万多元的收入，这在当时可以说是一笔为数不小的款子。后来制造真空管的厂家慢慢多了起来，各种品牌渐渐出现，价格自然也逐渐便宜。

看到这种情况，松下觉得到了非认真考虑一下不可的时候了。因为照这样下去，松下电器能增加的利润必然会很有限，虽说还有一些利润，而且销路也还可以，但情况已经有所变化，和前一阵子已经大不相同了。虽说目前卖真空管还没有什么问题，但松下先生却不想干了，这样似乎有点可惜，何况还是在没有赚到更多钱的时候。但是话说回来，做生意不能不注意情况的变化，必须要有应变的本能，这就是让他萌发撤手念头的理由。况且已经赚取一万元的利润也应该是收手的时候了，再有贪心就不太好了。

松下先生真的就这样决定了从销售真空管业务上收手，并把自己的意思通知了生产工厂和客户，工厂方面因为可以无条件获得大阪地区的客户，心里当然高兴了，而客户方面自然也不会有反对的。于是，松下先生就从这个还没有创造可观利益的真空管销售行业上撤资了。过了四五个月之后，收音机配件的售价急转直下，使一些获利还不错的工厂和贩卖店一起陷入困境。松下电器因为收手得早，因此并没有受到任何损失。

一般人都有发财的欲望，只要发现一种事业可以赚钱，大家马上一窝蜂地拥过去抢占商机。短时间也许还不错，但一段时间之后就会陷入恶性竞争，弄得大家都赚不了钱，甚至停业或破产，这种事情真是屡见不鲜了。

当大家开始一窝蜂地制造和销售某种商品的时候，智者就应该急流勇退，即使利润较高的产品，不久也会骤然下跌。

专家指点

企业经营最忌跟风。如果不顾投资环境，只顾眼前利益，盲目上马抢占一份商机，那么，尽管当时看似赚钱的项目，结果就像接力赛的最后一棒，到你手里就再也交不出去了。因此，企业无论是投资项目还是经营产品，都要审时度势，谨慎小心，不可盲目跟风。

正确的预见能让危机变成良机

所谓“坏事”对企业而言就是失误、事故和危机。但是，对于企业家和企划师而言，“危”是可以转化为“安”的。因为，任何一个智慧的企业家和企划师都应该具备“临危不乱”、“善用坏事，弊中生利”的素质和能力，从而实现转危为安。

1988年4月27日，美国阿哈罗航空公司的一架波音737客机从檀香山起飞后不久，巨大的爆炸把前舱盖掀开了一个足有6米长的大洞，可是驾驶员经过艰难的努力还是将飞机降落在附近的机场，除了一名空中小姐在爆炸时被气浪从舱顶抛出而殉职外，89名旅客和其他机组人员全部生还，仅有个别旅客受了点轻伤。

这起空难事故，无论对波音公司还是对阿哈罗航空公司都是一个巨大的灾难和危机。试问，如果你是这两家企业的主管，如果你是一名专业企划师，面对这突如其来的危机，你将如何应付和处理呢?

按照常规，对于这样的事故，一般企业都无可奈何地保持“沉默”，至多从航空公司高度重视和妥善处理善后事宜、吸取教训加强检修和管理方面“表示一下态度”而已。但波音公司和阿哈罗公司的主管和企划顾问毕竟非凡超群，他们迅速作出反应，对这次事故大加渲染，创造性地策划公关行为。结果，极大地提高了波音公司和阿哈罗公司的形象和信誉。

波音飞机制造公司充分利用人们的心理大做文章，他们在各种场合，通过各种媒介进行这样那样的解释和宣扬:这次事故的主要原因在于飞机太旧，金属过于疲劳。因为这架飞机飞了20多年，起飞降落已达9万余次，大大超过了保险系数。但是，即使这样，在如此严重的事故中还能使乘客无一伤亡，这充分证明波音公司的飞机质量是十分可靠的，性能是绝对一流的。正因为如此，事故不但没有给波音飞机的销售带来影响，反而提高了波音飞机的信誉，增强了用户对波音飞机的信心。就在事故发生的次月即5月份，国际租赁金融集团就一次订购了100架波音737飞机，美国航空公司则订购了10架波音757飞机，联合航空公司订购了30架波音757飞机。创波音飞机制造公司销售的历史最高记录。

阿哈罗航空公司——充分利用航空史上这场最为惊险的事故中飞机却没有失控坠毁而安全降落的奇迹，通过新闻媒介大肆宣扬航空公司飞机驾驶人员的高超技术和良好素质，宣扬机组人员临危不惧和空中小姐在危难之际以旅客为重、全力保护旅客生命财产安全的行为，从而保证了飞机的安全着陆，创造了空前灾难中乘客无一人伤亡的奇迹。也正因为如此，在事故过后，阿哈罗航空公司的生意更加红火，人们纷纷争购阿哈罗公司的机票旅行。

对于每一个企业来说，都不可避免地会面对各种事故、失误和危机。防患于未然是应该的，但是一旦事故和危机发生了，就应该努力“善用坏事，弊中生利”，将每一次事故、失误和危机都转化成为企业发展的一次新的机会。

在世界经济大萧条时，华尔街的股票价格一路狂跌，令股民们心惊肉跳，连那些最老到的股票投机商也沉不住气了，纷纷抛售，套取最后一点血本。许多人因一夜赤贫而自杀。在这种四面哀歌的时刻，保罗·盖蒂却逆流而上，大量收购廉价股票。他甚至将公司名下一块宝贵的地皮卖掉，用卖地所得的450万美元现款抢购股份。

几年后，世界经济升温，股市大势抬头，盖蒂所购股票的价格翻着跟斗往上涨。例如，他以每股2.5美元购进的海滨公司股票，涨到每股20美元；他以每股10美元购得的使命公司股票，也涨到每股29.50美元。在短短几年时间里，盖蒂积累了一笔令人瞠目结舌的巨大财富，为他日后成为世界“石油大王”奠定了坚实的基础。

20世纪60年代，香港社会出现不稳定局面，促使香港房价暴跌，许多投资者认为这是投资领域的一场灾难。在突然出现的变化面前，他们不假思索地将投入房地产中的资金撤出或转移到其他的领域，但是李嘉诚却凭借着超前的眼光和很大的勇气，人弃我取，抓住这次机会以低廉的价格大量收购其他的房地产投资商抛售的地盘，等到了70年代，随着香港市场对楼宇的大量需求，李嘉诚再趁机以较高的价格售出，从中赚取了很大一笔差价。

危险总能孕育机会，黎明前总有一会儿黑暗。2008年的经济处在一个较为复杂的时期，联想控股总裁柳传志表示，经济危机从长远来看确实带来投资机会，在经济实体遭遇冲击的情况下，会有很多出口企业难以坚持，但也会有很多企业找到更好的机会。

在不景气时增大投资，是王永庆的发财秘诀之一。他的经验是：卖冰淇淋应该在冬天开业。冰淇淋是夏令商品，为什么要在冬天开业呢？王永庆是这样解释的：冬天冰淇淋销路小，必须下苦工夫，严格控制成本，狠抓服务质量，在各方面做得都很好，才能勉强维持生存。这样点点滴滴建立基础，竞争力强于一般，等夏天来临，自然生意兴隆。王永庆不止一次将“卖冰淇淋要在冬天开业”的理念运用到生意上。比如，1978年爆发全球性石油危机，各国纷纷紧缩银根，世界经济进入寒冬。王永庆却认为这是一个在海外投资建厂的大好时机。他的判断依据是：经济大势的变化总是从高潮到低潮，又从低潮到高潮的循环。兴建一座现代化工厂约需两年左右，在不景气时建厂成本比较低；建成后正好赶上市场复苏，岂不两得其利？

1980年，王永庆在美国得克萨斯州以极便宜的价钱收购了一家石化厂，跨出了海外投资的第一步。1981年和1982年，王永庆连续出击，收购了十几家美国的塑胶工厂和化工厂。

后来的结果证明，王永庆的投资决策无疑是明智的，当这些工厂整改完成后世界经济形势转暖，市场对塑胶产品的需求迅速上升，王永庆的公司利用规模优势，一举在市场中占得领先地位，王永庆也由此成为世界公认的“塑胶大王”。

商人的明智之处就在于始终从形势变化中选择有利的一面。无论形势多么糟糕，不可能事事不利，打破按部就班的思路，以变应变，始终选择有利的一面，最终你将整体获益。这正是大商人之所以成为大商人的原因。

专家指点

危机和机遇有时是相互转化的，关键在于利益相关者的智慧、眼光和预见力，在于企业面对危机，采取什么样的思维方式和策划应对行为的性质。企业经营者应具备“临危不乱”、“善用坏事，弊中生利”的素质和能力，让突如其来的危机转化为千载难逢的良机，让企业转危为安、险中求胜。

让危机在变中消失预见在变中完善

人们常把保守怀旧、固守旧有的人称为“老古董”，这种人迟早会被人们远离或抛弃。觉察形势、与时俱进是企业生存的根本，如果一个企业的管理者不能觉察市场变化，适时作出与时俱进的对策，那么他的企业也将被这个时代所抛弃。

洛克希德·马丁公司的董事长兼首席执行官诺曼·奥古斯丁说：“世界上只有两类企业：一种在不断变化，另一种被淘汰出局。”很多企业曾经把“以不变应万变”作为经营思路，在市场上也的确抵挡了一阵子，但随着市场化进程的加剧，以不变应万变的思路和产品越发没有了市场。

海尔集团董事长张瑞敏在接受媒体采访时说："海尔成功的关键是因为天天都在想着'以变应变，以变制变'；而中国绝大多数企业都还是'以不变应万变'。"

让我们试想一下，一个企业所面临的周围环境、情势都在时刻变化，而它自己却闭门自守，以不变应万变，它的思维观念能跟上时代的潮流吗？它的发展战略能适应国际国内形势吗？它所生产出来的产品是社会所需要的吗？外在环境是不断变化的，不能适应外在环境变化的公司，终将会被不断变化的市场所淘汰。

二十多年前，美国费尔斯通轮胎公司是全球著名的老牌轮胎生产企业，但面对市场环境的变化，该公司的经理层却惧怕变革，不敢采用新的管理措施推进变革，仍然沿袭传统的经营模式参与市场竞争。这一选择注定了费尔斯通轮胎公司的弱势地位，最终在1979年与法国米其林公司争夺市场时全面陷入困境。到20世纪80年代末，费尔斯通轮胎公司终因经营不善，负债累累，被一家日本企业收购了。

在市场经济中环境总是在不断变化的，企业如果不能识别和适应这种变化，生存将难以为继。企业只有认识并了解市场行情的变化、客户需求的变化，才能适应外部环境的变化。

1984年，《福布斯》杂志在一篇封面文章里称，默多克"正在建立世界上从未有过的一个最伟大的通讯帝国，争夺传媒世界的领导权"。1984年其新闻公司的全球范围的收入约21亿美元。默多克的报纸与电视台拥有数亿的读者与观众。

在澳大利亚，他的报纸占发行总量的70%，并在一家全国性电视台拥有15%的股份。

在英国与爱尔兰，他的卫星有线电视台约有300万个用户，他的新闻广播电台在整个西欧都能收听到。在伦敦，他拥有《太阳报》、《泰晤士报》、《世界新闻报》等。

在美国，他的福克斯电视网占全美电视市场40%的份额，他的发行量达17000万份的《电视指南》是世界上最大的电视节目报。他还拥有美国最大的出版公司哈伯·柯林斯公司发行量最大的杂志。

在亚洲，他于1993年做出一次重大的收购行为，他花了5.25亿美元买下了当时正在挣扎的"卫星电视"64%的股份。这就是亚洲最大的卫星直播公司——香港的凤凰电视台，可向2.2亿个家庭发射电视节目。1996年7月，《亚洲周刊》将默多克排在"亚洲最有影响的50人"中的第6位，居李光耀、日本的桥本龙太郎之前。

这位媒体帝王在全世界出售约150种报纸杂志，每周的发行总量超过6000万份，在全世界首屈一指。

面对20世纪后期世界电脑浪潮的兴起，默多克的思路并没有停滞，他在伦敦瓦平工厂建立发达的计算机系统就是一个有力的说明。并且他敏锐地觉察到，当今电脑与网络迅速发展为他的世界媒体帝国的前景提供了最佳契机。

1996年5月下旬，默多克来到日本寻找自己的合作伙伴，结果找到了孙正义与他的日本软件银行公司。默多克看中了孙正义的公司是日本公司，同时又是软件专业公司的特点，而且效益好。1995年该公司的税后利润达143亿日元；而孙正义则看中了默多克在世界传媒中的巨大影响力。结果经商讨，默多克的新闻公司与孙正义的软件银行公司各出资 208.75 亿日元，一举买下了日本朝日电视台 21.4%的股票，成为这家日本著名民间电视台的最大股东。朝日电视台是日本五大商业新闻网中的老四，享有盛誉。对人们提出是否以后改变电视节目内容的问题，默多克与孙正义都称，他们关心的是新传播技术，对节目内容不感兴趣。

默多克的伟大之处在于总是比他人领先一筹，他先从报业的平面媒体起家，慢慢走向立体媒体电影与电视。当 20 世纪 90 年代初电脑与国际互联网形成的巨大浪潮到来时，他毫不犹豫地跨入这一全新世界。

1995 年，当太阳微系统公司开发的网络语言 Java 还不被广泛认识时，默多克便积极活动，促使下属的德尔菲互联网络服务公司获得太阳微系统公司同意，由该服务公司的总裁负责经营太阳微系统的一个新的公司，目的是在快速增长的互联网络和有利可图的内部网络上推销 Java。

1999 年 7 月默多克在伦敦宣布，他的新闻公司正式转型为一家互联网公司，他指出报纸印刷时代将要结束。他强调，未来的世界不再是“以大欺小”，而是“以快击慢”，传统的经营手段已行不通，国际互联网正以闪电般的速度改变着商业形式。

现在，市场唯一不变的法则就是永远在变。对于企业来讲，我们所处的市场环境也在时刻变化：市场需求在变化，竞争对手在变化，经济环境在变化，宏观政策在变化。面对市场的变化，企业要积极应对，主动变革和调整方向。

奔驰公司的经营管理一直是很成功的，产品质量上乘，售后服务一流，产品一直供不应求。长期以来，奔驰车在消费者心目中是“世界第一车”，在“世界十大名牌”排名中位居第三，仅次于可口可乐和索尼电器。

但到20世纪90年代初，由于受世界性的经济衰退影响，汽车工业普遍陷入危机，加上美国、日本和欧洲国家名牌汽车的竞争，一步一步地削弱了奔驰公司的地位。奔驰车已经风光不再。1991年奔驰公司的利润下滑63%，1992年经营继续出现大滑坡，公司将汽车产量限定为60万辆。以往，这60万辆奔驰车一上市便被一抢而空，有的甚至在几年前就开始订购，人人都以拥有一辆奔驰车为荣。但到1993年，60万辆只售出52.7万辆，这是前所未有的。在美国和日本，奔驰车的销售量都大幅度下降，更严重的是奔驰车竞争不过新推出的宝马车。

面对变化了的市场，奔驰公司开始调整自己的经营战略。

一是增加新车型。它改变了过去只注重高档车，追求完美的作风，将生产方向调整为：保持高档轿车的质量和市场，同时为普通家庭生产中小型轿车。

二是尽量压低成本。改变新车设计者们原来不计成本、只求完美的做法，力求在保持质量的前提下减少成本开支，缩短新设计周期；精简机构，节省管理费用。

三是扩大服务项目。为了吸引顾客，扩大销售，公司推出了一系列扩大服务措施。其中包括如下几个方面：

第一，成立卡车租车公司。在欧洲范围内长期出租卡车，这一项服务因满足了需要车用又买不起车的用户的需求而大受欢迎。

第二，实行卡车用户协议修理卡办法。持卡者可以在奔驰公司设在欧洲的2700个维修点维修车辆、更换零件以卡支付，不收现金。

第三，以旧换新。在欧洲范围内实行小车以旧换新的销售办法，同时对收回的旧车进行维修和改装，满足一部分爱好奔驰车又无力购买者的需求。

第四，建立奔驰车销售中心，为顾客提供免费的咨询服务，等等。

四是调整高级管理阶层。将最高决策层的部分权力下放，以达到迅速决策的目的。

通过以上四个方面的调整与改革，奔驰公司重振了往日雄风，营业额又急剧上升，成为世界上最大的商用跨国制造企业之一。

在现代企业的管理上，也应该针对市场发展的趋势，不断推出新的经营方式，通过彻底清除商品生产和推销各个环节的问题，实现全面的改革。

任何企业都应看清和认识环境条件的变化，从容面对市场环境变化带来的挑战，抓住市场机会，以争取企业经营的成功。

专家指点

美国经营专家约翰·沃洛诺夫说："为了使企业迈向成功之途，只维持现状是不够的，必须做大幅度的修正、改革与改良，而最重要的是创造!"市场需求、经济环境、竞争对手无时不在变化中，然而"变则通，通则久"，只有在不断变革中才能摆脱危机、完善预见，使企业不断发展壮大，最终走向成功。

让企业在自我蜕变中脱颖而出

企业要发展就要不断进行自我蜕变。自我蜕变就是自我升华，是企业在激烈的行业竞争中通过自我创新而脱颖而出。企业发展如逆水行舟，稍有不慎就有可能在激烈的竞争中被淘汰。如今，我们正处在一个不断变化的时代，科学技术在飞速发展，企业经营环境处在不断改变之中。全球化的市场也发生着不断地变化，这都不断地向企业提出了新的挑战，应对这一挑战的秘诀就是创新，在自我淘汰中脱颖而出。

未来学家托夫勒曾经指出："生存的第一定律是，没有什么比昨天的成功更加危险。"

多年来，美国企业普遍有一种强烈的忧患意识和时不我待的紧迫感和危机感，能够及时把握创新的机会，并且敢于淘汰自己的技术或产品。

管理学上有一个"达维多定律"。达维多定律是以英特尔公司副总裁达维多的名字命名的。

达维多认为，一家企业要在市场中总是占据主导地位，那么它就要永远做到第一个开发出新一代产品，第一个淘汰自己的产品。

人们在市场竞争中无时无刻不在抢占先机，因为只有先入市场，才能更容易获得较大的份额和高额的利润。

英特尔公司之所以能够在竞争激烈的微处理器市场上保住自己的霸主地位，就得益于其以奔腾的速度进行产品创新，其产品更新换代速度之快人所共知，几乎无人企及。

英特尔公司在产品开发和推广上奉行了达维多定律，始终是微处理器的开发者和倡导者。其特点是：产品不一定是最好的性能和最快的速度，但总是最新的。为此，英特尔公司总是不惜淘汰老产品，包括淘汰正在市场上卖得好的产品。

达维多定律已经成为英特尔公司的一项长期政策。

1995 年 4 月，正当 486 芯片主导微处理器市场之际，英特尔公司却毅然牺牲 486 芯片市场，转而全力支撑奔腾芯片的研制开发，在外部乃至内部的诸多不解和怀疑中，英特尔公司又一次先于对手成功抢占了芯片市场的“制高点”。而这正体现了英特尔公司决策层的深谋远虑，反映出其在思想观念上高出对手的地方。以这样的经营思想为指导，英特尔公司总要比竞争对手抢先一步，生产出速度更快、体积更小的微处理器……

英特尔公司永远是本行业的“领头羊”，市场还没准备好，英特尔公司就去推动它、引导它，始终走在竞争对手的前面。用他们自己的话说，就是“让对手永远跟着我们好了。”英特尔公司成功的主要奥秘是以技术为先导，不断地赶超对手，在推动市场需求的同时，开展技术创新，开发最新产品，以求其产品的最好质量，从而占有大量的市场。

在当今激烈竞争的市场上，没有一项产品能永远占据市场。企业要想持久地占领市场，必须把产品开发作为企业生存和发展的关键环节。只有在一定时期对产品进行及时的更新换代，才能适应不断变化的市场需求，才能适应科学技术迅速发展和产品生命周期不断缩短的趋势；否则，企业就会失去竞争的主动权，甚至会在激烈的市场竞争中败北。

第七章　预见商机
企业成功的方向

市场的需求就是企业的商机

一切商机都蕴藏于需求的满足之中，要想发现商机，就要从需求着手，从需求的短缺中发现可能的商机。

乔安娜·多尼格是英国伦敦的时装设计师。有一次，她的一位女友因要出席皇家宴会而没有合适的晚装，焦急得如同热锅上的蚂蚁一样不安。这件事令乔安娜忽然悟到，女士们遇到这一困境是很有普遍性的，在英国这个注重仪表、礼仪的社会，社交活动很多，参加社交活动对穿着非常讲究。但大多数人买不起华贵的服装，如果付较少的钱，就能在一夜中穿上名贵的时装出席高贵的活动，这确实是省钱而光彩的事。

乔安娜为此做了大量的调查研究工作，证实自己的分析和预测是准确的，于是，她确定开展晚装租赁业务作为经营的目标。

乔安娜的租赁生意十分兴旺，后来生意越做越大，效益越来越好，最后富甲一方。

到她那里租赁礼服的女士们毫不介意地告诉别人，自己的晚装是租来的。人们并不认为这不光彩，反而觉得这样合算及明智。

在欧美社会，女士们穿的礼服不管多么华丽名贵，若连续在晚会场合穿上三次出现，人们便会窃窃私语，穿者自然感到有失体面。因此，无论多好的晚礼服，也只能穿一两次。这样，不但使普通收入的人们犯愁，连有钱人也烦心。乔安娜看准了这个消费市场，她确定开发租赁晚礼服这个经营目标，并因此而大发其财。

一切商机都体现在现实的需求之中，一切财富均隐含于现实的需求之中，只有在需求的失衡中发现了商机，才有可能找到企业的致富之门。

20世纪初期，英国家用电器大王休斯的创业旅程，就是这样开始的。

一天，休斯应邀到一个新婚的朋友家吃饭，他吃菜时，感到菜里有一股很浓的煤油味，碍于情面和礼貌，只好把菜咽了下去。这时，主人也发现了菜中的怪味。原来，新娘在用煤油炉做菜的时候，不小心把煤油溅到菜里了。对此，新郎很狼狈，又不便说新娘，只好拿煤油炉出气，连连抱怨说："这鬼炉子真讨厌！三天两头出毛病。你急用时它熄灭，要修又沾上一手油。"

休斯边吃边想：做饭是家庭主妇最基本的一项工作，如能发明出一种用电的炉子，岂不是又省事，又能避免煤油炉的缺陷吗？

休斯回家后，立即从事电炉子的研究工作。经过坚持不懈地努力，终于在1904年研究成功一种新型的家用电器——电炉子。后来，休斯又研究出电锅、电壶等家用电器。最后，休斯竟成了一名"家用电器大王"。

其实，只要注意留心身边的日常生活，总会发现许多麻烦有待于解决，而商机正是蕴藏于这些麻烦的解决之中。这是产品开发人员“注意力”的一个着眼点，并已在实践中被证明卓有成效。

美国一家公司开发生产一次性尿布，源于该公司一位职员的发现。这位职员发现，给婴儿换尿布对美国妇女来说是一件挺头痛的事，换下来的尿布，洗净晾干后再用，实在很麻烦，如果弃之不用浪费又太多。这位职员想：如果设法降低尿布的成本，生产一次性尿布，那些正为换尿布而头痛的妈妈们肯定欢迎。这位职员向公司谈了自己的想法，马上引起公司的重视。公司在进一步调查、分析、研究的基础上，立即组织人员研究开发一次性尿布。

经过几个月的努力，一次性尿布生产出来了，这种产品吸水性很强，贴肌肤的那一面干燥、柔软、质量比普通尿布强。在保证这一质量的前提下，公司想办法从各个环节降低成本，最后市场定价只有6美分。公司还给一次性尿布起了一个容易打动妈妈们的心的名字：“宝宝”尿布。结果“宝宝”尿布投放市场后大受欢迎。公司立刻进行大力的广告宣传活动，增加市场营销力度。结果，“宝宝”尿布在短短6个月时间内迅速扩展到全美市场。

顺着这个思路，我们就可以在看似饱和的市场中，发现许多大有可为的商机。

“海尔”现在是世界知名品牌，而人们意想不到的是，帮助“海尔”叩开美国市场的竟是一款看似平常的酒柜。

美国人习惯在日常生活中喝一点葡萄酒，酒冷藏在厨房的大冰箱里，而喝酒常常是在客厅，很不方便。海尔公司的营销经理在市场调查过程中发现了这个需求，立即着手设计，对传统饮料柜进行改进，使它适应冷藏葡萄酒的需要。这款产品投放到美国市场后，一炮打响，成为美国家庭的时髦家居。

张瑞敏说："创新就是创造有价值的订单。"在张瑞敏看来，企业不是为创新而创新，而是为了满足市场需求而创新。创新的方向取决于市场的意愿，创新的成果需要市场的检验。

缺乏市场需求或脱离消费水平的创新技术，最终将被束之高阁，以市场为导向，从实际出发、从需要出发的创新才是最有价值的创新。创新不能单从主观愿望出发，如果违背了客观规律，或者从主观上认为这是为别人好，而实际上不考虑别人是否需要，这样空中楼阁式的创新是毫无意义的，最终没有不失败的。

企业技术创新的实质就是满足并创造顾客的需求，就是创造有价值的订单，就是顾客满意度的最大化。在开发新产品时，产品开发人员应将注意力放在人们的麻烦与不便之中，致力于研发出能够解决这些麻烦与不便的新产品，因为这种产品必将获得市场的需求。在人们为难的地方往往隐藏着商机，产品开发人员要通过这些地方来发现商机。

眼下，企业经营者有一个共同的感受：市场已经没有空子可钻了。俗话说：世上无难事，只怕有心人。在市场经济中，有心人有占不尽的市场，发不完的财。那么怎样才能成为"有心人"呢？成功者的实践告诉我们，如果我们把视线从市场的表层扩展延伸到市场需求的方方面面，深入到消费市场，用新的理念和新的眼光细心地去观察、去寻觅、去琢磨、去挖掘、就会欣喜地发现，市场仍然存在着大量商机。

在现实生活中，要发现和把握商机，首先要了解商机的表现，那么，商机表现在哪些方面呢？最基本的表现就是人的需求。哪里有需求，哪里就存在商机，人的需求即是商机。

专家指点

世界著名管理大师德鲁克曾指出：是什么决定一个企业的持续发展，不是企业自身的经营活动，而是顾客不断的需求。只有满足并不断创造顾客的需求，企业才能获得持续发展。对于一个企业来说，创新就意味着为顾客创造新的价值和新的满足。

关注社会热点抓住新的商机

关注社会经济形势和政治热点，善于通过一些国家大事，窥测其中的商机，并以此来为自己谋取财富。

五十多年前，英美联军突破纳粹德国在法国诺曼底的防线登陆，开辟了第二次世界大战的第二战场，积极配合苏军作战，终于打败了纳粹德国。1994 年 6 月 6 日，适逢诺曼底登陆五十周年，一位颇有生意眼光的法国商人，利用欧洲人怀念当年战绩和反对法西斯复活的特殊感情，创造机遇大发其财。办法是从当年盟军登陆的海滩运来海沙，装成 250 克一袋的小包装并印上纪念性的字样，每袋售价 11 法郎，结果大发其财。

企业一定要善于抓住社会热点来做文章。

广州某公司是以生产各类衬衫为主的公司，但由于广州生产衬衫的公司很多，市场消费已渐趋饱和，该公司生产的衬衫大量积压，产品积压又导致了公司资金周转不灵，该公司在这一艰难困境之中而举步维艰。

正在这时，该公司主管偶然在报纸上看到一则简短消息说，我国体育健儿运动水平大为提高，今年将组建一支强大阵容的队伍去参加洛杉矶夏季奥运会，誓夺金牌云云。这位负责人看完报纸便随手放在一边，又低头思考公司的发展大计，如何摆脱目前的困境。突然他灵光一闪，迅速地抓过报纸，再次把这条短消息仔仔细细地看了一遍。在他心中已预感到了这条消息背后所蕴含的巨大商机！

他立即召集公司主要负责人，对洛杉矶奥运会进行分析预测。大家一致认为，中国运动员在这次奥运会上必将有所作为，而中国运动员一旦实现金牌“零”的突破，那必将大大激发中华儿女的爱国热情和民族自豪感，人们一定会对健儿们在奥运会上的表现津津乐道，欢欣鼓舞，并且在奥运会举行的前后一段时间，奥运会必将是国内社会关注的中心，也就是说它一定会成为社会的热点。

如果将销不出去的衬衫印上奥运会标志，投放市场，它会不会受欢迎呢?

当时他们预测，既然奥运会万众瞩目，人们一定会倾情关注中国健儿，那么，人们必然会以穿着带有奥运会字己的死亡，就和安排婚礼没什么两样。通过这样一番努力，SIC真的在殡葬业这一冷门行业中发现了生机，使“死亡行业”也成了一种“希望行业”，之所以如此，便在于SIC的经营者关注冷门的注意力。

不论是誉满全球的名牌产品，还是历史悠久的传统产品，或是初露锋芒的最新产品，乃至普普通通的日用品，在它们出现时都是出于某种社会需要。然而，在它们产生时，都往往不被常人关注而在不同程度上遭到冷遇，直到它们以自己的顽强的生命力，立足社会得到公认，才能改变处境。冷门，可以说是一切商品的出生之门，爆冷门是商品世界的一个普遍现象。

社会需要不断向纵深发展，冷门随之涌现，永无穷尽，尽管如此，有些人置身于热热闹闹的商品世界里，竟眼花缭乱，不知何处寻觅冷门。

那么，寻找冷门应遵循的思路是什么呢？

一是在不起眼处寻找冷门。有一些人看来，婴幼儿用的尿布没什么生意可做，就是做成了生意也不起眼，更无发展前途。然而，日本尼西公司注意到用旧尿布的种种弊病及母亲们的新需求，研制成功了纸尿布。其吸水力好，用完就扔，免去洗尿布之苦，很受顾客欢迎。现在，纸尿布在发达国家和地区的普及率年年增长，并向发展中国家传播。这个从不起眼中爆出来的冷门商品，已被公认为有惊人的潜在市场，是不可忽视的商品。现在，该公司生产的尿布，不仅满足全日本的需要，还出口到五大洲20个国家和地区，年营业额达73亿日元。

二是在无人问津处寻找冷门。妇女的孕服，无法像女式时装那样讲究线条、款式，一直无人问津。伦敦有家服装公司别出心裁地设计了件底色鲜红夹着黑白色的孕服，赠给怀孕的王妃戴安娜。当电视里播出戴安娜穿了这件孕服去看球赛的新闻后，英国妇女争相模仿。这种款式的孕服竟在一夜之间成为英国服装市场上的畅销品。消息传到法国，巴黎的巴隆时装公司也做起了孕服生意。现在，这家公司专营孕服，有 4 个分公司，25 个免税商店，并向国外出口。

三是在处女地里寻找冷门。瑞士有家制表商利用石头做表壳，凭借石料的特性——不可能有两只完全一样的手表，满足西方人的求异心理，博得青睐。现在，石壳表的零售价达到 195 美元，试销反映强烈。日本有家高级化妆品公司，从蛋壳中提取卵膜粉制成高级化妆品，具有消除皮肤斑点，减少皱纹，保持皮肤细腻光滑等功效，很受欢迎。石料、蛋壳对钟表业、化妆品业来说是一块未开垦的处女地，令人耳目一新。这类爆冷效益特好，就说蛋壳吧，是食品工厂的下脚料，以此为原料生产化妆品，成本可降低 80%。

四是在眼皮底下寻找冷门。人们常说“罐头好吃盖难开”，却很少想到这是一个亮在眼皮底下的冷门。日本一家公司意识到这一点，首创了一种能高度保持密封性和杀菌性，在常温条件下长期保鲜的食品罐装容器——纸罐。又如人们常常患感冒，不停地打喷嚏、流鼻涕，把鼻孔周围的皮肤擦得通红，很不雅观，却很少想到这是一个眼皮底下的冷门。美国一家公司发现后，立即推出一种经润鼻霜处理，可保皮肤不发红的面纸，这类爆冷，因其想顾客之所想，试销后都获得迅速发展。

冷门制胜，现在很多企业都在走这条路。敏锐地发现人们没有注意到或者未予重视的某个领域中的空白、冷门或者薄弱环节，需要企业家有一双“慧眼”，需要企业家站得更高、看得更远，需要企业家有一颗强烈的好奇心和不懈的探索精神。

专家指点

在现实生活中，许多企业管理者在指导企业的经营活动时，一味地追赶潮流，什么热门追赶什么，缺乏从“冷门行业”之中发现商机的眼光。其实，一个优秀的企业管理者，应该具备从“冷门行业”中寻找“热门产品”的洞察力，见人之未见，想人之未想，开辟自己独有的领域，始终走在别人的前面。

重视小生意也能赚大钱

生意场上的事，起伏不定，变化莫测。有时看似大未必大，有时看似小也未必小。大生意可以做垮一个企业，小生意也可以做大一个企业。

做小买卖赚小钱是我们内地许多生意人所瞧不起的，也是不屑一顾的。而温州人赚钱的眼光很独到，他们从零做起一步一个脚印，踏踏实实，一丝不苟。做生意先从小处着手是温州商人起家的拿手好戏，也是他们走向成功的一个奥秘。温州的小商品遍布全国，从纽扣、标签、标牌到商标、小饰品、小玩具等，这些都是外地人看不上、懒得做的“小商品”，但温州人都做，他们不怕赚钱少，就怕赚不来。

打火机是温州四大经济支柱产业之一。被温州人称为“打火机之王”的周大虎，十多年前还是一个辞职下海的邮政局职员，后来用一个个小小的“虎”牌打火机垒起了自己的财富大厦：固定资产5000万元，企业年产值超过亿元。“虎”牌打火机独步神州，“虎”视眈眈，眼观全球。

温州人从不好高骛远，不专挑肥拣“大”，而是不遗余力地从小做起，把“小”做“大”。

时下，产品创新已成为企业发展的强大动力。然而，对于多数中小企业来说，由于缺资金、缺人才、缺项目、缺方向等等，都在制约着企业的创新和发展。为此，中小企业不妨从小处着眼，做精做细小产品，也许会获得意想不到的大市场。企业经营善于从小处着眼，不仅投资少、风险小，而且有其自身的诸多优势，甚至能获得更高的附加值、更高的利润。

搬家业虽小也能赚大钱，以搬家为业务也能做成大企业，对一般人而言这简直是不可思议的事情，但日本确实有这么一家公司成功了，它叫阿托搬家中心总公司。

阿托搬家中心总公司创办于1977年，仅用了九年时间，年营业额就增加347倍，达到140多亿日元，并由一个地区性的小型企业，发展成在全国近40个城市拥有分公司或联营公司的大型企业。美国和东南亚一些国家还争相购买它的搬家技术专利。阿托搬家中心的总经理叫夺田千代乃，由于经营上的成功已成为日本服务业的明星，被评为日本最活跃的女企业家之一。

夺田千代乃生于1947年，学生时代就颇有男孩的气质，曾经是以往只有男生才能参加的剑道部的成员。她从小就暗下决心，长大要与男人争高低。1968 年，她与夺田寿男结婚，他们干起了当时比较赚钱的运输业。但好景不长，1973 年发生的石油危机使运输业由盛转衰。为了生存，夺田夫妇日夜奔驰在公路上，少睡觉多付出，但仍逃脱不了破产的厄运。

正当夺田千代乃为今后生计发愁时，报纸上一条简短的消息引起了她的注意。消息中说，日本关西地区每年搬家开支 400 亿日元，其中大阪市就有 150 亿日元。夺田千代乃产生这样一个念头：为什么不在这不引人注目的行业上试一试运气呢？她和丈夫商量后，就决定成立一个搬家的专业公司。

搬家的市场虽然相当大，但怎么能把成千上万分散的住户吸引过来呢？做广告成本太高！想来想去，她决定利用电话号码簿为自己做不花钱的广告，因为想搬家的人肯定会在电话簿上找运输公司的电话。她了解到日本的电话簿是按行业分类的，在同一行业内企业的排列是以日语字母为序。所以，她就给自己的公司取名为“阿托搬家中心”，使它在同行业中名列首位，查找时很容易被发现。

公司开张后，果然生意红火，许多顾客打电话提前预约。夺田千代乃经营之初就对搬家技术就做过全面的调查了解，根据顾客的需要，她对搬家技术进行了一系列革新，另外开发出许多附带的服务项目。她抓住顾客珍惜家财和怕家财外露的心理，设计了搬家专用车，把家用器具装在这种车上，既安全可靠，又不会为路人看见。针对日本城市住宅多是高层公寓，夺田千代乃专门设计了搬家专用吊车和集装箱，高层公寓居民搬家时，只要用吊车把集装箱送至窗前即可进行作业。此外，夺田千代乃的阿托搬家中心还提供与搬家有关的服务 300 多项。例如：日本人有一种传统习惯，因搬家难免会打扰左邻右舍，每逢搬家都要给邻居送一些点心或面条，以表歉意。但是往往因为忙乱而忘掉这一礼节，阿托搬家中心便可代顾客办理此事。它还为顾客提供消毒、清扫服务；代理因迁居而发生的变更户籍、改换电话、学生转学、报刊投递、结算账目等手续；还提供室内设计、代购用品、处理废弃物品、修理门窗家具、调试钢琴等服务。

以往搬家是“行李未到，家人先到”，总是多多少少留给人们一些烦恼的回忆，夺田千代乃决心把它变成终生难忘的旅行。为此，她特地在欧洲最大的大轿车厂——德国的巴尔国际公司定做了一种名为“21 世纪的梦”的搬家专用车。这种车长 12 米，宽 2.5 米，高 3.8 米。前半部分为上下两层，下层是驾驶室，上层是一个可以容纳 6 人的豪华客厅，里面有舒适的沙发、婴儿专用摇篮，还装有电视机、立体组合音响设备、电冰箱、电子游戏机等设施。后半部才是装运行李家具的车厢，载重量为 7吨。这种新型搬家专用车通过电视广告向日本全国展示后，各地的搬家预约蜂拥而至。特别是好奇心强的孩子们，他们指名要父亲乘坐“21 世纪的梦”搬家车。

夺田千代乃十分重视自己公司的服务质量，把它作为增强与对手竞争能力的最重要手段之一，阿托搬家中心以其优质服务和创新经营，才得以在日本众多的搬家公司中脱颖而出并遥遥领先。

夺田千代乃和她的阿托搬家中心的斐然业绩证明，即使一些不引人注目的行业，抑或还有许多被人瞧不起的新行业，也能孕育出杰出的企业家，创造出令人惊叹的奇迹。

专家指点

万事开门难。做生意之初不要挑肥拣“大”，而是要从小做起，不遗余力地把“小”做“大”。从小处着手去寻求大市场，把“小生意”做成大事业，由赚小钱起步逐渐变成大富。所以企业经营者一定不要忽视了小生意和小商品。

不断提高慧眼识物变废为宝的能力

真正的商机往往蕴藏于那些看似没有商机的地方。一个优秀的企业经营者善于在别人看来毫无价值的“废品”身上找到其价值之所在，具有别人所不具有的“变废为宝”的能力。在现实生活之中，“变废为宝”是发现商机的一条重要途径。

只要肯动脑筋处处留心，废物也能变成黄金。这不是一句空话，世界上已有人把它变成了事实。

日本水泥大王、浅野水泥公司的创建者浅野总一郎成名后说：

“在这个世界上没有一件无用的东西，任何东西都是可以加以利用的。”这句话也说明：在产品开发人员眼中，不应该有任何产品是无价值的，因为任何产品都存在着可以利用的一面。因而，产品开发人员的任务就是在看似废物的东西上面发现出独特的使用价值，令产品焕发出新面貌，从中得到意外的财富。

在一家衬衣厂当工人的琼斯，每天的工作是负责将衬衣平整地叠在一张长28厘米的衬纸板外面，再用尼龙纸包装起来。工资收入不高，加上简单重复、机械枯燥的劳动，令琼斯对此工作十分厌倦。于是他开始“胡思乱想”：衬纸板上如果有些字画并不影响它的功能，为什么人们就没有想到利用它呢？一个奇妙的计划在他的脑子中形成了。琼斯用最低的成本价与所有衬衣厂签订了供应衬衣纸板的合同。在这一项目上，他虽分文无获，但却取得了令人刮目相看的成功。原来他充分利用看似没有用处的衬衣纸板上做广告，赚了很多广告费。

按理说，衬衣是人人要穿的，在衬纸板上做广告，宣传效果应该很显著。但万事开头难，衬纸板广告在起初时期影响并不大，因为很多人买了衬衣后，瞧都不瞧一眼，就把纸板丢了，因此并不受厂家欢迎，他也不容易找到做广告的顾客。为了使广告的纸板能引起家庭主妇们的兴趣而较长时间地保留下来，他又在衬纸板下侧留出一块地方，印上菜谱或医学知识、生活小常识等，这一招果然灵验，很多家庭不再将衬纸板随便丢弃了，而是一张张收藏起来随时拿来翻阅。从此，衬纸板广告业务打开了局面，琼斯由100美元起家，不到两年时间就成了百万富翁。

琼斯的成功，在于他利用了巧妙的“变废为宝”的思维。

利用看似无用的衬衣垫板，打开了市场空间，赢得了商机。一句话，他的成功来源于他“变废为宝”的注意力。

有一个年轻人在休斯敦独自经营着铜器生意，他靠卓越的手艺制作各种各样的铜器，做过铜鼓、瑞士钟表上的簧片和奥运会的奖牌等。可让他一下子发家的竟然是纽约广场的一堆垃圾。

原来，美国政府刚刚翻新了纽约广场的自由女神像，因清理翻新工程扔下的废弃物品成了头痛的事情，政府向社会广征办法，可是几个月过去了，没有一家公司愿意做这既费力、肮脏又不赚钱的买卖。正在国外旅行的休斯敦得知这个消息以后，立即乘飞机返回纽约。当他看见自由女神像下堆积如山的铜块、螺丝、木料和石灰后，没提任何条件，立即决定包下这个工程。

正在等待看热闹的纽约运输公司对这个外来户的愚蠢举动嘲笑不已。因为在纽约，处理废弃垃圾有着明确而严格的标准，弄不好就会受到环境部门的起诉。人们纷纷等着看这个年轻人是怎么出丑呢！

年轻人考察完以后，即组织工人对垃圾中的物品进行分类管理。然后他让人把废铜送到加工厂熔化，铸成小自由女神像，水泥块和木头加工成底座。最后，他甚至把从自由女神像身边扫起来的灰包装起来，出售给花店。

几个月的时间过去了，广场上的垃圾消失了。而此时正在曼哈顿喝咖啡的年轻人腰包里已经装满了足足350万美元现金，每磅铜的价格整整翻了1万倍。因为社会上人们对小自由女神像相当喜爱，热销一时。

一个突然迸发的灵感能把一些看似没用的废弃材料重新改造成新的产品，并给自己带来巨大的财富。有些人能专门在一些并不起眼的废料中挖掘出财富，在他们眼里，没有什么东西是随便抛弃的，在抛弃之前，一定要看清楚这个东西是否真的毫无价值，否则，往往抛弃的就是财富。

如果你拥有一双独特的慧眼，处处留心、认真观察，或许你也能从"废物"中挖掘到财富！

专家指点

大地万物皆有用。不要瞧不起那些被人遗弃的"废品"，往往被一些人遗弃的"废品"或许在另外一个人的眼中就变成了财富的源泉。如果能把看似没用的东西转化成有价值的东西，那么，这才是真正的慧眼识物，变废为宝。

创造新的需求开发潜在市场

张瑞敏曾经对他们的设计师说过这样一句话："设计师原来是要

设计产品，现在是要设计市场，设计用户需求。如果每一个设计师都去创造市场，创造用户，那么这个集团肯定是充满了活力，它会有非常大的市场。”

并非看似没有需求的地方就一定没有商机，优秀的企业决策者，要善于对人们的消费欲望进行挖掘和开发，并在没有需求的地方创造需求。

顾客的潜在需求是指对于某种产品顾客暂时不能购买，但将来会购买。其暂时不能买的原因有两个：一是有购买欲望，无购买能力；二是有购买能力，无购买欲望。如果企业能够想办法帮助顾客解决这两个方面的任何一个问题，都可以把潜在的需求变为现实的需求。对于第一种情况，可用分期付款、赊销的方法，或设法为用户提供贷款，帮助顾客解决购买能力，满足顾客的购买欲望。

对于第二种情况，要设法创造顾客的需求。需求是可以创造的，一个企业如果能创造源源不断的需求，那么他的商机便会不断出现，利润也会滚滚而来。成功的企业家是既精通顾客的消费心理又善于创造消费需求的人。

黑人很少使用化妆品，这是人所皆知的事实，但美国化妆品制造商约翰逊却锐意开拓黑人化妆品市场。他认为，爱美之心人皆有之，并非黑人不爱美，只是由于种族歧视压抑了黑人的爱美之心，而且随着黑人生活水平的提高，黑人中必定有潜在的广大的化妆品市场，黑人化妆品系列定会受到他们的欢迎。

日本日清食品公司的“纸杯方便面”于20世纪70年代初期进入美国市场。美国人没有吃热汤面的习惯，能有销路吗？大家都有这样的疑问。但出乎意料的是销路非常好，每年销量几乎增长1倍。在没有需求的地方创造出需求，该公司经理安藤百福通过调查分析，从“没有习惯”中看到了“正待改变”的势态：美国是“快速食品”的发源地，他们有食用“快速食品”的习惯；所谓的“没有习惯”不是习惯不可变，而是美国的快餐店固守旧习、不供应热汤面。根据潜在势态进行引导——把方便面做得既有东方特色、又符合美国人的口味，才能大获成功。

消费是能够也是应该进行引导的，成功的引导能形成新的市场需求，这正是企业家们寻找的发展契机。善于开拓市场的人往往是善于创造顾客需求的人。诚然，企业要生产和销售适销对路的产品，尽量满足顾客的需要，但如果墨守成规，不去创造新的市场需求，那么很容易使自己陷入经营的窘境。因此，聪明的经营者总是在保住现有市场的情况下不断创造出新的需求。

一次，英美两国的两家皮鞋厂都试图在太平洋的某个岛国上开辟新的市场，于是各自派了一名推销员来到这个岛屿进行市场调查，两个推销员来到该岛后的第二天，便向国内发出了内容截然相反的电报。英国推销员的电文为：“本岛无人穿鞋，我于明日乘首班飞机回去”。而美国推销员却大喜过望，发回的电文为：“本岛无人穿鞋，市场潜力甚大，我将长驻此地，作进一步考察！”

两个推销员何以得出如此截然相反的结论呢？其中很重要的一点就是思维方式的不同，英国推销员传统、保守，不知道如何去创造需求，他认为不穿鞋的人是永远不会买鞋的；美国推销员却善于创造需求，从这个岛屿中发现了一个潜在的市场，对于没有穿鞋习惯的人，可以通过适当的方式，让他们改变这一习惯，从而开拓出一个市场。

创造一种需求，然后在满足它的过程中去实现自我的经营计划，这是开拓市场的有效手法。在需求的满足程度大大提高的今天，要想发现新的商机，仅着眼于存在的需求是不行的。要着眼于那些能被创造出来的尚不存在的需求，如果你能够以敏锐的眼光去捕捉新的信息，因势利导，创造出顾客对商品的需求，那么，你就抓住了成功的机会。

在实际经营中，由于表面市场机会减少，很多情况下一个企业能否继续生存与发展，相当程度上取决于它是否能发现具有魅力的潜在市场。

如今社会的一个重要特征是人口的老龄化趋势，这必将对市场与消费产生深远的影响。在目前情况下，老年市场的需求尚未表现得特别明显，但这是一个极具潜力的发展市场，一系列以老人为中心的商品和服务已应运而生。如何扩展银发族市场，已成为企业的一个新的挑战，在这方面，日本企业为我们提供了有益的借鉴。

日本“资生堂”推出了专为50岁以上妇女设计的化妆品，一改以前“现在不好好保养，将来会深深后悔”的警句，改为“如果美丽的50岁越来越多，日本也会改变”的软性广告词，深获女性消费者好感。

音响公司则推出复古音响，它的材质和外观让老年人发思古之幽情，在功能设计上，拿掉了年轻人喜好的花哨功能，这种复古做法颇受中老年音乐爱好者的欢迎。索尼公司则花了近一年的时间调查老年人的体力、视力、神经传导速度等，将调查结果应用于商品开发上，开发适合中老年消费者使用的摄像机、录像机等。

鉴于一般自动洗衣机在加大洗衣容量后洗衣槽太深，老年人使用起来不方便的实际情况，三菱电机公司便降低洗衣槽的高度，即使身高只有145厘米的老人手也可以触到底部，功能键的高度也降低了5厘米，这样更便于老年人使用。

连最偏重年轻消费者的便利商店和电动娱乐业者，也都积极主动打入银发族市场。安宾便利店在东京的部分连锁店开始出售成人纸尿片和步行辅助器，还为不方便出门购物的老人提供送货服务，电动玩具游乐场常见的“打击鳄鱼”也有个新功能。制造商改变设计，附加测量血压的功能，由于兼具娱乐和运动效果，不但适合脑中风患者使用，将来还可能被老人安养中心采用。

尚未被觉察的潜在市场往往是最具价值的市场。因此，决策者应高度重视发现尚未被觉察的潜在市场，从尚未被觉察的需求中发现企业的商机。

着眼于明天，把握市场的运行规律，瞅准市场的真空地带，不失时机地开掘或改进产品或服务，满足与创造消费者新的需求，就会独占市场鳌头，形成“风景这边独好”的佳境。要做到这一点，经营者就需要有远见卓识，具备通观全局、着眼未来的战略眼光。

专家指点

随着人们消费满足程度的日益提高，使呈现在企业面前的表面市场越来越少；而随着竞争程度的日益提高，又使占领表面市场的难度越来越大。在这种情况下，企业要在竞争中获胜，决策者就要有发现潜在市场的锐利眼光，能够从“人所不能”中找出适合自己发展的一片天地。

寻找市场空缺预见新的商机

一张白纸好画最新最美的图画，这张白纸就像一个大市场。假若纸上画满了东西怎么办？那就把它翻过来，也许还有空缺。这空缺可能就是一个市场。

“大公司已经垄断了市场，我们没有机会与它们竞争。”在激烈的市场竞争面前，许多人如是说。于是他们失去了自己干一番事业的信心，这些“退缩者”之所以会产生这种思想就是因为他们没有开启自己的智慧，只要经营者能够时刻觉察到市场的一举一动，就能够发现市场始终都有一些大公司忽视的空缺，抓住这些空缺就会在大公司顾及不到的地方发展起来，走向成功。

明尼唐克公司是名列很多大公司之后的小型肥皂制造企业，由于是无名小辈，不敢与大公司发生正面竞争，因为那样无异于“以卵击石”。通过一番仔细的市场调查和认真的权衡利弊，公司决定采取侧面出击、出其不意的策略，另辟蹊径，推陈出新。

1979 年明尼唐克推出了一种空前绝后的液体肥皂，这种产品悄然上市后，立即引起消费者的强烈反响，得到大批用户的认可。并很快冲击了当时名望高规模大的棕榄、乐威、宝洁等知名公司，使这些“巨头”们大为震惊。因为“液体肥皂”的上市抢走了它们生产的块状肥皂的大块市场，明尼唐克公司用智慧赢得了空前的成功。可见，不管现状怎样，只要拥有最敏锐的觉察力才能给自己开拓出广阔的生存空间。

避实就虚是指军事上的谋略，意思是避开敌人的主力，攻其薄弱环节。在经济领域中，这一谋略仍然具有实际意义。面对实力比自己强大的对手，应该采取灵活机动的战略战术，避开竞争对手，施展自己的优势，实现自己的目标。

在商品经济社会里，产品就像一望无际的海洋，如果我们在制定产品策略时都去赶浪头，尾随人后，必然难以挤进市场。反之，如果我们能静观市场产品结构的变动，细心寻找市场的空当，然后抓住时机，及时发展冷门产品，往往可使自己的产品捷足先登，在市场上独占一枝。

在研发新产品时，常常会出现一些远离常规“异想天开”的念头，这些念头从表面上看，往往是不可能实现的。然而，不要忽视这些念头，因为真正有价值的灵感，往往就蕴于“异想天开”之中。

美国的沃尔什24岁时，在宾夕法尼亚沃顿商业学校读书，有一次同学们在一起开玩笑，有位同学问他在米老鼠60岁生日时希望得到什么。他异想天开地回答说：得到一只有画的手表。由此他想到，如将绘画大师们的杰作复制在手表表面上肯定会受欢迎。于是，他便着手制作。几个同学对沃尔什这种“处女产品”的欢迎，使他坚定了推广这种高招的决心。

1989年毕业时，沃尔什写了制造艺术手表的论文，并立刻把这种计划贯彻到实际中去，获得在表面上复制8种艺术品的专利。

1990年他把产品从校园推向社会，销售十分兴旺，以致他要在纽约的拉奇蒙开设办事处，雇了60名推销员才能适应业务发展的需要。现在，沃尔什的艺术手表已发展至60多种画面，其中包括毕加索、凡·高、雷诺尔等名家作品，每块表定价约在40至65美元之间。沃尔什戴在手上的就是他自己设计的手表。这些产品已在全美3500家商店以及法、德、日等国销售。

在现实中，许多产品的研究和开发，都是仅仅出于一时的突发奇想，却取得了预料不到的良好效果，他们填补了市场的空白。不少企业与产品的成功就是利用了占领市场空档的策略，其关键之处，在于发现了一个尚未被满足的需求群体，并果断占领了这一空档。

以生产安全刀片而著称于世的美国吉列公司，在1974年作出了一个让许多同行都感到“荒唐”的举动，推出了面向女性的雏菊牌专用“刮毛刀”。很多人觉得不可思议，但结果呢？一炮打响，畅销美国并出口到周边国家，其成功之处就在于先声夺人而领先于竞争对手，抢占了市场空当，争得了领先的优势。

1973年，吉列公司在市场调查中发现，美国90%的妇女为了自身美好的形象，要经常刮除腿毛和腋毛，这与西方女士衣着“暴露”有关。调查还发现，妇女们基本上都是购买男用剃须刀来解决问题，一年的消费量近1亿美元。这无疑是一个极富诱惑力而有待开发的潜在市场，谁能抢先发现、开发且占领这一市场空当，谁就将大发其财。于是吉列公司经过一番精心的策划后，推出了把柄为一朵雏菊图形、色彩美丽、适宜女性使用的雏菊牌专用“刮毛刀”，并且通过攻势强大的广告宣传而一举成功，深受广大女士的青睐，当年销售额突破1亿美元。那些当初嘲讽吉列公司荒唐可笑的同行们，眼睁睁地看着吉列独吃“肥肉”而追悔莫及。

市场空缺是客观存在的，而且还会不断产生、经常出现的。在市场竞争中，谁能最早发现市场空缺并不失时机地抢先行动，谁就能占领市场空缺，做独家生意，得先机之利，掌握争取用户和消费者的主动权。如果谁能在填补市场空缺之后乘胜前进，在产品质量、品种、价格、服务等方面做得更好，那么谁就能赢得用户和消费者的欢迎和信赖，扩大企业与产品在消费者心中的形象，在竞争中稳操胜券。

企业在经营中，应该努力寻找和填补市场空缺，乘时而起，乘虚而入，争取领先地位，这是企业创造市场、创立品牌的一条捷径。

专家指点

世界上本没有现成的成功之路，但确实有人走出了一条又一条成功之路。许多人认为根本不存在市场空缺，但仍然有人发现了一个又一个市场空缺。市场不是铁板一块，需求也不是千篇一律，在貌似被挤得密密麻麻的市场上，总有一些未被人们发现的空缺。谁发现了市场空缺，谁就发现了新的商机。

商机在变化中显现预见在变化中形成

社会万事万物始终是在变化的。一旦你能识别事物变化来临之前的信号，你就应该仔细分析其变化的方向，弄清它将以什么样的方式变下去，把握其变化的趋势，只有这样才能抓住机遇。

尼西奇股份公司成立于1921年。20世纪40年代末，它是一家日本的小公司，生产雨衣、防雨斗篷、游泳帽、卫生带、尿布等橡胶制品，员工只有三十多个人，经营不稳，随时都有破产的危险。有一天，尼西奇股份公司的老板多川博看到了一则日本政府发表的人口普查资料，该则普查资料说，战后日本每年有多达250万的婴儿出生。这则普普通通的信息引起了尼西奇股份公司老板多川博的强烈兴趣，他感觉到其中隐藏着巨大的鲜为人知的商机。

如果把如此巨大数量的每年出生的婴儿作为一个信号，它又意味着什么呢？尼西奇股份公司由此联想到：婴儿出生，尿布是不可缺少的，如果每个婴儿用两条，全国一年就需要500万条，这是一个多么广阔的市场！像尿布这样的小商品，大企业根本不屑一顾，而小企业的人力、物力和技术尽管有限，如果能独辟蹊径，必定有所作为。而基于尼西奇股份公司而言，尿布本来就是自己的产品之一，生产根本不用引进设备，只需要更加专心就好。生产尿布成为机遇的信号在尼西奇的脑海中更加清晰了。

尼西奇股份公司当即作出了决策：专门生产小孩尿布。它成立专门的研发中心，聘请专门的医学、生理、机械、纺织方面的专家专门对尿布进行了人性化的设计，并在市场上进行了强力的宣传和推广，依靠独特的销售方式和不断创新的精神，尼西奇尿布受到了广泛的欢迎。虽然有其他的对手前来竞争，但由于尼西奇抢先一步，又对尿布投入的非常深入和专业，其他的公司都连连败下阵来。在日本，婴儿所使用的尿布中，每三条中就有两条是尼西奇股份公司所生产的，尼西奇股份公司成为名副其实的“尿布大王”。

每个时代都会有主力的消费人群，每个企业根据自己的产品也要确定自己的主要消费人群。尼西奇公司根据社会人群中婴儿出生率巨大这个信号所预示的婴儿用品商机而一举成功，令人称道。

与尼西奇股份公司相类似，同样基于人群结构改变信号而透露出的需求趋势，并由此而得到企业发展机遇的事情，正在我国发生。

现在中国正步入老龄社会，顺应潮流信号，成都近郊的一些农家院落开设了“老年人生活一条龙服务”，让城市老人三五成群住上一个月或半年，当“城市农夫”，包吃、包住、包娱乐，兴致来了还可以同老乡一起下地种田。据统计，仅成都近郊几个山清水秀的地方，这样的“城市农夫”就逾万人，为农家创收超千万元。

根据社会环境的变化，抓住其中隐藏的机会，你能获得丰硕的成果。

美国有一家缝纫机厂，以往缝纫机的销售量还是可观的。当第二次世界大战的战火在全球燃烧、战争的硝烟四处弥漫之时，缝纫机的销售量每况愈下。

这家缝纫机厂的厂长杰克已经看到由于战争的影响，人们的思想也发生了改变，不用说缝纫机，其他任何一种行业都处于半停滞半瘫痪状态。只有军火是个热门，可杰克又与它无缘。

他的儿子问："咱们厂子的缝纫机还要继续生产吗？"杰克回答："可以停下来了，但生产还是要生产，只不过要改行！"他的儿子问："改什么行？"杰克说："改成生产伤残人用的小轮车（也就是轮椅）。"

儿子大惑不解，不过还是遵照父亲的意思办了。他深知自己的父亲有过人的智慧。没过多久，经过设计和改造部分设备后，一台台伤残人坐的小轮椅生产出来了。

当世界大战将要结束时，那些受伤的伤兵和伤残的百姓，纷纷购买小轮椅，一时间小轮椅成为奇缺之货，可这种小轮椅只有杰克的工厂存有大批现货，这样小轮椅不但在本国销售很快，连外国也来购买了。

当他儿子欣喜地看到一笔笔可观的货款进入囊中时，不禁又问父亲："未来的 30 年和 50 年之后将有什么变化呢，战争已经快结束了，小轮车需求量不多了。"

杰克启发儿子说："战争结束了，那人们想的是什么呢？"

他的儿子回答："想的是生活，美好的生活，人们厌倦了战争。"

杰克进一步说："美好的生活靠什么呢，要靠健康的身体，将来人们要把健康列为重要的追求目标，我们现在要做好生产健身器的准备。”

生产小轮车的机械流水线改成生产健身器并不太难，一批批健身器生产出来了。但当时销售的并不太好。此时，年事已高的杰克已经去世了，但他的儿子坚信他的超前思维，依然生产健身器。结果没用 30 年，仅仅战后 10 多年之后，健身器渐渐开始走俏，没过多久成了热门货。

当时，杰克健身器在美国只此一家，别无分号。随着人们的需求，杰克工厂生产的健身器品种也多了起来，杰克的儿子根据市场的需求，进行了大批量生产。结果，杰克家族很快就进入了亿万富翁的行列。

抓住了社会环境的变化，抓住了消费者的心理，也就抓住了财富。在社会生活中，有很多大现实和大事情并不是一个人或是某些人所能改变得了的。但是，只要你能用你的智慧去适应环境的变化，抓住机遇，就能不断地创造财富。

专家指点

社会环境和消费需求是始终变化的，企业经营活动要跟上时代的步伐。有效的管理者要在不断变化的市场经济环境中找出消费需求的变化，对消费群体作出准确的分析预测，掌握市场变化趋势，抓住有利时机源源不断地生产出适销对路的产品或者提供相应的信息技术服务。

第八章　预见执行
企业成功的目的

预见脱离实际执行必然落空

有这样一则寓言故事。

有一群老鼠，吃尽了猫的苦头。于是，它们坐下来讨论如何对付猫的办法。鼠王首先提出要求：这种办法要能够一劳永逸。

老鼠们商量来商量去，也想不出一个好办法。最后，还是鼠王“高明”，想出了一个办法。它认为最好的办法就是给猫挂个铃铛。这样，铃铛一响，老鼠们就知道猫来了，这就等于给老鼠们报了警。

老鼠们一听欢欣鼓舞，顿时佩服得五体投地。但等它们要落实这一“战略目标”的时候，却发现这个办法好是好，但谁去给猫挂铃铛呢？从鼠王到鼠众，都不具备给猫挂铃铛的能力和绝技。

鼠王的“战略目标”不能说不高明，但是这一“战略目标”的制定，却脱离了鼠国的“国情”，背离了众鼠们的实施能力。于是，鼠王的“战略目标”就成了难以落实的空想了。

这则寓言告诉我们：决策的制定，预见的展开，必须从实际情况出发。企业决策也是一样。要想保证决策预见的正确性，就要考察企业和外界的实际情况，任何脱离实际情况的预见都是毫无意义的，都会给企业带来灾难。

一个成功的企业家曾经说过这样一段话：作任何决策预见都应该符合逻辑，应该客观、现实，不受情绪的影响和干扰，始终保持冷静、客观的态度。作决策预见要遵循科学规律和程序，如果仅凭主观意志去作决策预见，得到的只能是失败的决策预见。

杀人蜂是一种原产于非洲的蜜蜂。这种蜜蜂的体形强壮，适应能力强，具有很强的攻击性，它们喜欢成群结队地攻击同一个目标，没有保护的人遇到它们就会有生命危险，因而被当地人称为“杀人蜂”。

杀人蜂不知何时被人带到了巴西，后来逐渐从南向北繁殖发展，一直来到南美洲北边的法属圭亚那地区。在20世纪70年代后期，一些美国报刊为了吸引读者，曾经撰文煞有介事地惊呼“杀人蜂正在向北进军”、“杀人蜂席卷得克萨斯”，等等。所以，这种蜜蜂对于大部分美国人来说并不陌生。

艾迪是美国一家著名杂志的记者，1977年夏天，杀人蜂在南美横行，艾迪在采访中发现杀人蜂酿的蜜比一般蜂蜜味道甜美，色泽鲜艳。艾迪头脑中一个念头产生了：杀人蜂蜂蜜是圣诞节、情人节和庆贺生日的最佳礼品。如果经营这项事业，将这种蜂蜜运到美国其他地区出售，肯定能够成功。

回国后，艾迪马上着手策划新事业，他很快筹资成立了蜂蜜公司。由于采集杀人蜂蜂蜜难度大，收集、运输成本高，运到纽约后，价格昂贵得吓人，所以很少有人问津。

艾迪在制定开办蜂蜜公司这一决策时，一开始就把决策当作了本质，他在品尝到杀人蜂蜂蜜后，就主观地认定这是一种可以发展事业的产品——是圣诞节、情人节和过生日最新奇的礼物。他还设想用小瓶子装、附上动人的说明书，尽量提高销售价格，作为一种精美而新奇的礼品在大商场和专卖店发售，一定会受人青睐，求购者如云。艾迪完全是以自己主观想像代替了市场需求的实际。

艾迪的决策，表面上看起来好像从实际出发、完美无缺，但他对市场需求情况了解得不确切，对生产成本估计得过低了，对市场需求估计得又过高了。蜂蜜从南美运到纽约进行装瓶、装箱，其成本节节上升，一小瓶蜂蜜拿到市场，生产成本已超过 1 美元，他计划批发价每瓶 2.5 美元。由于成本过高，而销售量又一直无法提升，艾迪蜂蜜公司不久就垮台了。

企业经营者一定要作有根据的决策和预见，而不是脱离实际的空想。很多企业进行决策预见时不是以客观事实为基础，而是以主观愿望代替客观事实，先入为主，那么，这样的企业在产品设计、开发、销售的选择上必然会犯错误。

我国南方某国营电视机厂几年来效益一直不佳，尤其是在国内一些电视机厂家希望把产品出口到东南亚国家后，泰国成了首选目标。但是，该厂在出口之前没有做市场调查，对当地的生活习惯、生活习俗不甚了解。在这种情况下，该厂根据我国当时流行的喜好，在专供出口的电视机上使用红色，认为这样可以增加喜庆气氛，从而有助于销售，结果产品在泰国销路不畅，迟迟找不到大客户。后来得知，当地居民认为只有救火车才用红色，给人以警惕感；在烈日炎炎的夏天，红色电视机摆在家里像一团熊熊燃烧的火焰，使人更觉得酷热而烦躁。而且泰国人认为红色象征着血，红色电视机给人血淋淋的感觉，令人望而生畏。

后来，该厂又把电视机外壳的颜色改为银灰色，这在日本和欧洲国家被认为是种颇有情趣，比较典雅、安静的色彩。然而，泰国市场对这种色彩的电视机反应更为冷淡。因为泰国人崇尚佛教，他们认为电视机壳的银灰色与锡箔纸的颜色相近，超度亡灵时常焚烧锡箔，把这种颜色的电视机摆在家中很不吉利。

那么，究竟什么颜色才能迎合泰国人的喜好呢？另一家电视机厂的做法则高明得多。他们一方面组织设计人员去泰国逛公园，想从泰国人居住、娱乐的自然环境中寻找答案；另一方面派人与泰国的一家咨询公司联系，组织人员去调查民俗，最后发现蓝色比较为泰国人所喜爱。于是该厂投其所好，把电视机外壳设计为蓝色，经过不断改进最终定为孔雀蓝，赢得了泰国人的喜爱。这种电视机在泰国市场上的畅销情况不言而喻。

而第一家电视机厂积压了大量红色、灰色电视机出口不出去，在国内更无人问津，国内彩电行业的竞争已进入白热化，各种名牌电视机正一路降价，许多小厂早已破产或被兼并，这家电视机厂最后也难逃破产之劫。

很多时候，市场中似有明显的需求，但是作为企业决策者，更重要的是了解消费者的心理，不能只凭主观猜测不做市场调查，而应该在作决策预见时，各种方案的制定完全建立在对市场的调查研究基础之上。只有这样，失败的几率才能降下来。

专家指点

企业进行决策预见要联系客观实际，要充分考虑各方面的因素，并独立地进行市场调查。决策预见是将主观建立于客观基础之上，在现实经营活动中，有一些决策者往往偏离了科学决策的方向，仅靠主观想像和个人意志去作决策，结果导致决策预见难以实现。

预见要客观正确执行要坚定不移

做任何事情都会遇到困难和挫折，决策预见的实施也不例外，尤其是一些重大决策预见涉及的面广、人多，在落实的时候，往往会遇到很大的阻力。作为决策者，必须坚持一个原则：在确保决策正确的前提下，全力以赴地为实现决策目标而努力，千万不可半途而废，更不能轻言放弃。

在一件事情决定之后，如果能获得大家的理解和支持，那是最好不过了。但有时由于种种原因，决策的内容得不到多数人的理解。在这种情况下，假如决策者已经透彻地了解事物的真相，坚信自己所作的决策是正确的，那么就没有必要犹豫不决，应马上着手组织实施。

西武集团是日本一家拥有170家大企业、员工总数达10万人的企业集团，它与新日本钢铁公司、三菱重工企业集团同列为日本三大企业集团。该集团的总裁堤义明是日本企业界、财经界和公众中极具魅力和影响的人物。他被松下幸之助称誉为“西武集团的中兴之祖”、“日本服务业第一人”。

西武集团第一代领导人即堤义明的父亲去世后，由堤义明接手西武事业，第二年堤家产业的发展便面临一项重大选择。当时的日本正值经济发达、工业繁荣时期，整个日本仿佛像一个巨大的工厂，夜以继日地飞速向着世界经济强国迈进。几乎每个人都认为在东京投资房地产是一本万利的事情，许多著名的企业和企业家都先后云集于东京，将“触角”伸向越来越炙手可热的房地产业。

西武集团在房地产上有着巨大产业和经营经验，因此很多投资者都以为它必然会以更大的投资力度进入东京的房地产。但事实并非如此。年轻的堤义明作出了一个令所有投资者大吃一惊的决定："西武集团将撤出东京的房地产业！"

这一决定令全日本的企业家都感到迷惑不解。在大多数人看来，炒地皮开发房地产是一项暴利行业，尤其在寸土寸金的东京，炒房地产则无异于自己印钞票。比投资任何事业都更有利可图。因此，他们无法理解堤义明何以作出这样的决定，有人开始怀疑堤义明有没有领导这家大企业集团的能力。一些想在房地产投机中获取暴利的人中伤堤义明，把他说成是一个不懂得经营之道的阿斗，他父亲是看走了眼，才让他继承自己辛苦打拼的事业。

在集团内部，以宫内严、森田重光等八大金刚为首的大多数人也纷纷提出他们的反对意见。他们认为，集团不应该退出东京房地产业，不但不应该退出，还应该投入更大的资金。

接手西武集团之前，堤义明曾答应过父亲，守业十年，不作任何新的投资。但是在守业之时，也不能任由市场变化而一动不动，他必须使企业适应新的环境，以求得更长远的发展。在几乎没有人支持的情况下，堤义明依然具有坚定地撤出东京地产业的决心。在最高决策会议上，堤义明面对年龄比他大、经验比他丰富的高层管理人员，是这样说的："我已经预测到，东京土地投资的好景已经过去了。供求要讲平衡，而大家猛炒地皮的结果，只会把正常的供求状态搞得不正常。因此，我认为东京的房产业很快就会出现失衡的大问题，对此公司必须作出明智的决定。今天大家的意见有分歧，我认为这是正常的。如果全体一致同意，我反而认为事情不妙了——全体一致的主张，时常有毛病。现在大家不同意我的想法，但我知道我是正确的，尽管你们各位说的也不是没有道理。可你们没有看出东京地产业的暴风骤雨已经快到来了，危险得很。总之，这个问题我决定了，大家照我说的话去做准没错。”

接任集团领导才一年，堤义明就要公司从十分有利的东京地产投资市场上撤退，造成不满和猜疑是很正常的。然而，西武集团毕竟属于堤义明个人的产业，谁也不可能去更改他决定了的事，所以大家也只有保留意见，照样执行他的决定。

一年以后，西武集团的高层管理人员发现：年轻的堤义明的决定果然没错。这时的东京地产业开始大规模地崩溃，无数土地投资者在炒卖的旋涡里无计可施，食之无味，弃之可惜，陷入了困境之中。而真正获得胜利的，正是堤义明这样极少数目光清晰、头脑灵活的人。因为论面积，西武集团的土地是日本第一，在东京地皮行情最好的时候，西武集团已稳稳当当地获取了巨额利润。

决策一定要谨慎，一旦决策就要坚持到底。在决策执行的过程中要排除阻力，顶住压力，毫不动摇。

美国麦当劳快餐店在1955年创办初期只是一家经营汉堡包的小店。到了1985年，其在美国的50个州和世界30多个国家和地区开设了近万家分店，年营业额近100多亿美元，被称为“麦当劳帝国”。它能有今天的成功，完全有赖于创始人雷蒙·克罗克的“一旦决定了就赶快行动”的准则。

1954年的一天，雷蒙·克罗克驾车去一个叫圣贝纳迪诺的地方，他看到许多人在一个简陋的餐馆——麦当劳店排队，他也停下车排在后面。

人们买了满袋汉堡包，纷纷满足地笑着回到自己的汽车里。克罗克凭着好奇的心理上前看个究竟，原来是经销汉堡包和炸薯条的快餐店，生意非常红火。

克罗克52岁了还没有自己的事业，他一直在寻找自己事业的突破口。他知道，快节奏的生活方式就要到来，这种快餐的经营方式代表着时代的方向，大有可为。于是他毅然决定经营快餐店，他向经营这家快餐店的麦当劳兄弟买下了汉堡包摊子和汉堡、炸薯条的专利权。

克罗克搞快餐业的决策遭到了家人及朋友的一致反对，他们说："你疯了，都五十多岁了还去冒这个险。"

克罗克毫不退缩。在他看来决定大事应该考虑周全，可一旦决定了就要一往无前，赶快去做。行与不行，结果会说明一切，最重要的是行动。

克罗克马上投资筹建他的第一家麦当劳快餐店，经过几十年的发展，克罗克取得了巨大的成功。人们把他与名震一时的石油大王洛克菲勒、汽车大王福特、钢铁大王卡耐基相提并论。

敢于坚持自己的决策是第一位的，敢于坚持自己的观点是成功企业家的重要素质。优秀的经营者必备的基本素质之一，就是对已经作出的决定马上付诸行动。

向着正确的预见目标前进，否则预见就失去了意义。等到岁月流逝，当看到别人在自己曾经预见过的领域获得成功时，自己将作何感受！

专家指点

做生意最重要的是执行力度，对掌握的有效信息要快速地作出反应和决断，从而避免因犹豫徘徊而贻误商机。在瞬息万变的经济活动中，机遇与信息稍纵即逝，在关键时刻要当断则断，不要优柔寡断。有的经营者在关键时刻瞻前顾后，患得患失，结果在大好时机面前错失良机。

正确的预见要快速执行

在变化莫测的市场中，商机层出不穷但又转瞬即逝。成功的企业经营者就在于能及早发现机遇，抓住机遇，利用机遇。在商战之中对新市场的占有是“快人一步可能取胜，慢人一步可能失败。”

日本索尼公司的创始人井深大与盛田昭夫，自公司创立伊始就立志于“领导时代新潮流”。一次偶然的机会，井深大看到一台美国录音机，他便抢先买下了专利权，并很快生产出日本第一台录音机。1952 年，美国研制成功“晶体管”井深大立即飞往美国，又抢先买下这项专利，回国数周后便生产出公司第一台晶体管，销路很好。当其他厂家也转向生产晶体管时，井深大又成功地生产出世界第一批“袖珍晶体管收录机”。就这样，索尼公司总是抢先一步购买专利或申请专利，生产出来的新品以迅疾的速度牢牢占据着市场竞争的制高点。

拿破仑有句名言："我们之所以能够取得胜利，是因为我们比敌人早到5分钟。"抓住影响市场变化的各种因素，比他人"早到5分钟"，在市场上独步天下。生意人最讲究反应敏捷，行事果敢，抢先一步，往往就掌握了竞争的主动权。

一个企业，不管你制定了怎样美好的未来战略规划，如果不能坚定、果断、有步骤、迅速地实施决策，就无法达到目标。

美国IBM公司在这方面也有教训。托马斯·沃森是IBM公司的缔造者。第二次世界大战后，沃森的长子小沃森成为IBM公司的执行副总裁助理。当时正是"打孔卡计数器"和"电子计算机"这一老一新两大电子产品的并存时代。

小沃森敏锐地预见到电脑市场的前景，认为那种"电脑粗大笨重、运算不可靠、价格昂贵"的说法是缺乏远见的，他向老沃森提出建议：迅速投入人力、物力，进行电脑的研究工作，将生产和销售电脑作为公司未来的发展战略。但老沃森看到公司当时的打孔卡计数器及打字机制表机等主导产品仍热销市场，对电脑的前景心存疑虑，因此，IBM公司没有实施小沃森提出的战略规划。

此后，随着科技的进步，老沃森才逐渐接受小沃森的建议，但仍行动缓慢，投入不足，因而收效也不大。

而与此同时，其他公司在电脑领域中飞速前进，到20世纪50年代初期，IBM公司的主要竞争对手兰德公司光荣地获得了在电脑产业中的领先地位，而 IBM 公司仅处于中等水平。随后，老沃森才知道自己的主导产品全面滞销的现实，而打败 IBM 公司打孔卡计数器的正是电脑。

老沃森又气又悔，马上决定让小沃森出任公司的执行副总裁，实施他的战略规划。小沃森经过 9 年的不懈努力，才为 IBM 公司获得巨大的收益，为 IBM 公司成为电脑巨霸打下了坚实的基础。

一些决策人常浪费许多时间来预测未来，以致延误了作出决策的时机。原克莱斯勒汽车公司总裁李·艾柯卡指出："一个好的企业领导人不能拖拖拉拉，迟滞决策。因为一个再正确的决策，如果行动迟缓了，也会是错误的。"

请看温州商人的快速反应、快速决策的故事。

温州人看到有钱可赚，第二天就会弄台机器先干起来，机器可以放在家里或朋友的仓库里，行了再盖厂房，做大了才请管理人员，这要是在其他地方，半年也论证不下来。

1992 年金秋，上海街头梧桐树的叶子黄了，诱人的糖炒栗子满街飘香。某天晚上酒足饭饱后，长住上海大方饭店的温州乐清五金机械厂朱厂长逛街去了，他把这种消闲称为"跑信息"，或者说"捡钞票"。拐出延安东路就是热闹非凡的大世界，一家食品店门口排长队买糖炒栗子的人们引起了朱厂长职业性的条件反射。这些年来，朱厂长悟出了一条发财真理："凡是人群密集的地方，一定有财神爷在微笑。"

朱厂长开始仔细地观察，他发现急于尝鲜的上海人买了糖炒栗子后，像急猴似地咬着、剥着硬壳吃，而常常又把栗子仁弄得四分五裂，嘴边沾满了碎碴，好一副狼狈相。

“能不能搞个剥栗器?”“信息发生器”在朱厂长的大脑里启动了，他迅速画出了剥栗器的草图，材料用镀锌铁皮，成本每只 0.15 元，出厂价 0.30 元……

一分钟后，朱厂长推开了商店经理室的大门，经理认为：这是一项发明，顾客肯定欢迎，不过上市要越早越好，两个月够不够？朱笑了：两个月？我一个星期后就送上门。经理不相信：这审批、核价什么的，没两个月怎么行呢?

当晚，传真将剥栗器草图传回了朱厂长在温州家乡的工厂。一副模具两个小时就出来了，冲床开始运转。三天后，一卡车剥栗器涌进了大上海，大大小小商店门口的糖炒栗子摊主成了朱厂长的经销商。

朱厂长看到上海人剥板栗有困难，就在别人都还没有发现这一商机之前，用最快的速度去解决人们的困难，自己也赚得了丰厚的利润。

可以说，这个朱厂长是一个快速有效的决策者，对机会的捕捉迅速、果断。一个有效的管理者决不能拖拖拉拉，迟滞决策。

一旦决策了，就要快速行动。假如是同类、同质、同价产品，那么谁的行动快谁就能占领市场制高点。其实，企业发展的许多道理并不深奥，但有人能成功有人却不能成功，关键在于想到了之后是做还是不做；决定做了还要看你的行动是不是比别人快。

一位企业家这么说：“在瞬息万变的现代社会，存在着很多不确定的因素，稍有迟疑，就可能使原来非常杰出的构想在片刻之间变得一文不值。因此，今天想好的主意今天就得实行。”要使自己的决策达到预期的目的，只要条件成熟就毫不犹豫地予以实施，使头脑中和纸上的东西变成现实。

专家指点

企业经营者要懂得“兵贵神速”的原则。这就要求企业决策要快，行动更要快。决策一旦定下来就要赶快实施、赶快立项，一旦看准的项目就要迅速上马、迅速投产。如果当断不断，行动迟缓执行不力，就错过了市场最佳时机。

决策就是多种方案的选择

殊途同归，意思是说通过不同的途径可以达到同一个目的地，采用不同的方法可以得到同一个结果。比如我们要到美国华盛顿，距离最近是一种走法，时间最快是一种走法，沿途要寻幽览胜又是一种走法。决策也是这样，一般都有多种方法和途径可以实现决策的目的。但方案选择时只能择其一种，即对全局最有利的、最合理的决策方案。而这样的方案只能来自于多种方案的对比，在多种方案的比较中选择出来。

著名创新学研究者何名申在他所著的《创新思维修炼》一书中

做过如下论述：如果只有一个设想就没有比较的余地，就难以判断这个设想的优劣，也无从考究是不是一个高质量的设想。解决复杂问题，如果不止于一个设想，而力图充分扩展思维空间，尽可能提出其他更多的设想，那么，思考的范围会越来越大，解决问题的触角会越来越多。这对于高质量的新设想的产生，是一种必要的前提和基础。

只有一种可选方案的"决策"不是决策。1631年，英国剑桥有一个做马匹生意的商人名叫霍布森，他在卖马时承诺：是买或是租我的马，只要给一个低廉的价格就可以随意挑选。但他又附加了一个条件：只允许挑选能牵出圈门的那匹马。其实这是一个圈套。他在马圈上只留一个小门，大马、肥马、好马根本就出不去。出去的都是些小马、瘦马、弱马。显然，他的附加条件实际上就等于告诉顾客不能挑选。大家挑来挑去自以为完成了满意的选择，其实选择的结果可想而知。

后来，管理学家西蒙把这种没有选择余地的所谓"选择"讥讽为"霍布森选择"。

一个企业家在挑选部门经理时，往往只局限于在自己的圈子里挑选人才，选来选去，再怎么公平、公正和自由，也只是在小范围内进行挑选，很容易出现"霍布森选择"的局面，甚至出现"矮子里拔将军"的惨淡状况。

管理上有一条重要的格言："当看上去只有一条路可走时，这条路往往是错误的。"毫无疑问，如果只有一种备选方案，就没有比较和选择的余地，也就无所谓决策。所以，没有两种或两种以上可选方案的"决策"不是决策。

在经营决策的实践过程中，常常会遇到许多可以互相代替或类别差异不大的决策方案，决策者在这些各有差别又有相似的方案面前，就存在着选择的问题。在许多可行性方案中选择最佳方案，这对经营的成功具有更大的可能性。

有一家生产液压挖掘机的制造公司，其挖掘机质量优良，曾荣获国家银质奖，畅销全国。由于供不应求，它成了不愁嫁的“皇帝女儿”。然而，这个制造公司并不以此自居，公司的决策者们对市场发展的趋势进行了调查研究，对经营发展提出了几个决策方案。一种方案是集中全力加大生产，满足市场的需求；另一种方案提出削减广告宣传费及多种促销费用。因为这种广告及促销不仅浪费钱，而且更增加工厂供不应求的压力；还有一种方案主张进一步扩大宣传公司的产品，增加促销费用，同时增加生产数量。

该公司决策者对这三种方案进行了认真的评估和分析，最后决定选择第三种方案。他们除了多方面利用宣传媒介做广告外，还经常举办产品订货会、产品质量鉴定会和经营服务专题座谈会，邀请全国各省市用户代表来公司参观样机、自选订货和提出意见与要求。通过这些活动，进一步提高了“皇帝女儿”的声誉，促进了销售和生产，使工厂在竞争中不断前进。

后来的实践证明这个机械制造公司所选择的决策是最优的。它所付出的代价是大的，效益也是好的，而风险度却是最小的。为何风险度小呢？因为他们做了大量的促销工作，“皇帝女儿”主动找“婆家”，这使公司的产品知名度更高了，使产品卖不出去的风险减少了。

制定多种决策方案的过程本身就是寻找最佳决策方案的过程，因为制定多种决策方案实际上就是要寻找多种解决问题的方法和途径。这就使我们不能满足和局限于一种解决问题的方法，而应突破狭隘的界限去寻找更多解决问题的方法。

没有多种方案，没有比较对象，也就不能确定某种方案是否最佳方案。可见，制定多种决策方案这一原则对于决策是必不可少的，要想使自己的决策正确、合理，就必须遵循这一原则。

专家指点

美国克莱斯勒汽车公司前总裁李·艾柯卡说："决不能在没有选择的情况下作出重大决策。"事实上也确实如此，在选择余地不大的情况下，我们总难作出最佳选择。科学决策强调在方案设计时必须制定多种方案，以备分析比较、择优录用，从中找出最为合理的决策方案。决策就是一种选择，没有选择就没有决策。

落实决策方案贵在职责分明

有不少人把最终决策的形成看做是制定决策过程的逻辑终点，决策的制定需要执行，决策只有转化为行动才有效。

事实上，一项决策如果没有具体的行动步骤，没有明确的任务和责任，那便不能算是一项决策，最多只是一种意愿而已，只会给人一种纸上谈兵的感觉。

若要化决策为行动，首先必须明确以下几个问题：一是应该了解这项决策的范围有多大？二是应该采取什么行动落实决策？三是由哪些部门和人员负责实施落实行动？四是行动应如何进行？只有把这一系列的问题都解决了，执行的准备工作才算基本完成。

有这样一个故事。

一家制造工业设备的大公司，几年前决定暂停制造某种型号的设备。多年来这种设备一直是机床类产品中的标准产品，其中不少产品至今仍在继续使用。因此，公司决定在未来的两年中，继续向该设备的老用户提供此型号的设备，以满足他们更换的需要。

如今，公司不再生产和销售此种型号的设备了。可是，没有人把停产的决策告知采购部负责采购该设备零部件的人员。采购员还是按以前销售的比例继续购进该型号机器的零部件。两年过去了，当公司准备停止生产该产品时，却发现仓库里存放的零部件足够他们使用五六年。

把已经作出的决策转化为行动，不要忽略每一个细节，比如应由谁来执行，以及采取怎样的方式方法来保证决策的实施等。

一个企业的发展难的不是没有正确的决策，而是缺乏将决策真正执行到位的人。一个企业只有将决策变为行动，才能实现决策与执行零距离的衔接。

决策的执行是整个决策实施过程的一个重要阶段，它直接关系到决策的实效与成败，因此必须认真对待，掌握基本的执行步骤。一般而言，决策执行有以下几个步骤。

一是周密计划。拟订实施计划是决策执行的第一个步骤，也是决策执行必不可少的关键步骤。因为决策方案只是提出确定目标和实现目标的基本原则、途径和方法，而不可能提出具体的实施计划。

因此，实施计划就要依照决策方案，树立全局观念、效率观念和应变观念，确保方案的执行，制定出执行的总体计划和短期目标，以便有步骤分阶段地落实到位。

二是发动群众。实施计划制定以后，就要组织力量，开始行动，让部门和职工明确决策的目标、方案的可行性、实现决策的方法步骤、可能发生的问题、有利条件和不利因素、需要着力克服的困难等，使执行者正确地了解决策者的意图，统一思想，鼓足干劲，时刻准备接受任务。

三是落实责任。制定了计划，统一了思想，接下来就是落实责任了。为此，要有明确的职责分工、严格的考核制度，做到分工明确，责任到人，调动各方面执行决策的积极性和责任感。同时在人员安排上应该做到：岗位设置合理，具体责任明确，权利义务相当，并要求他们各司其职，紧密配合，协调一致。

四是有效监控。决策执行需要有效监督和控制进度。领导者通过监督，了解和掌握决策执行的进度，发现可能出现的问题和偏差，采取应急措施及时加以解决，必要时还可对决策方案进行修正和完善。

专家指点

决策方案确定之后，必须加强执行力度。没有执行的决策再鼓舞人心也只是水中月、镜中花，好看不好用，毫无实际意义。有经验的决策者一定会狠抓落实，让决策由理论变成现实。要抓好决策方案的贯彻实施，就要制定相应的行动计划，做到职责分明，真正有效地落实到位。

执行决策预见贵在知错即改

在执行预见时，有一个不得不注意的问题，那就是发现以前的预见的错误该怎么办呢？很显然，那就是必须对以前的决策预见进行修正。谁也难免有觉察失误的时候，觉察失误导致企业陷入困境时，应该及时调整行为方向，亡羊补牢为时未晚。只有采取必要的补救措施，才能使企业走出困境，走向光明。

1985年4月23日，可口可乐公司董事长罗伯特·戈伊朱埃塔宣布了一项惊人的决定。在美国乃至世界商业史上，还从来没有哪一个商业决策能像可口可乐公司的决策那样引起如此巨大的震惊、骚动和争论。他宣布：经过99年的发展，可口可乐公司决定放弃它那一成不变的传统配方，因为现在消费者偏好口味更甜的软饮料。为了迎合这一市场需求的变化，可口可乐公司决定更改配方调整口味，推出新一代可口可乐饮料。

直至20世纪70年代中期，可口可乐公司一直是美国饮料市场上无可争议的领导者，然而，1976—1979年间，可口可乐在市场上的增长速度从每年递增13%猛跌至2%。与此形成鲜明对比的是，百事可乐来势汹汹，异常红火。它先是推出了“百事新一代”系列广告，将促销锋芒直指饮料市场最大的消费群体——年轻人。

1985年4月23日，戈伊朱埃塔在纽约市的林肯中心举行了盛大的新闻发布会，正式宣布“新可乐”取代传统的可口可乐上市了。可口可乐公司向美国所有新闻媒介发出了邀请，共有200余家报纸、杂志和电视台的记者出席了新闻发布会。消息闪电般传遍美国。在24小时之内，81%的美国人都知道了可口可乐改变配方的消息，这个比例比1969年7月阿波罗登月时的24小时内公众获悉比例还要高。

“新可乐”上市初期，市场反映非常好，1.5亿人在“新可乐”问世的当天品尝了它，历史上没有任何一种新产品会在面世当天拥有那么多买主，发给各地瓶装商的可乐原浆数量也达到五年来的最高点。

但好景不长，很快在美国各地开始出现反对声音。人们以种种形式来反对可口可乐的这一改变，人们纷纷走上街头游行抗议，愤怒的情绪在美国持续蔓延，传媒还在煽风点火。对99年历史的传统配方的热爱被传媒形容成为爱国的象征。堪萨斯大学的社会学教授罗伯特·安东尼奥说：“许多人认为可口可乐公司把一个神圣的象征给玷污了。”就连戈伊朱埃塔的父亲也站出来批评“新可乐”，甚至他威胁说要不认这个儿子。

可口可乐公司的决策者们不得不认真考虑问题的严重性了。在一次董事会上，戈伊朱埃塔决定暂时先不采取行动，到6月的第4个周末再说，看看到那时销售量会有什么变化。

到6月底，“新可乐”的销量仍不见起色，而公众的抗议却愈演愈烈。在这样一种危机情况下，可口可乐公司决定恢复传统配方的生产。7月11日，戈伊朱埃塔率领可口可乐公司的高层管理者站在可口可乐标志下向公众道歉，并宣布立即恢复传统配方的可口可乐的生产。

消息传来，美国上下一片沸腾。ABC 电视网中断了正在播出的节目，马上插播了可口可乐公司的新闻。所有传媒都以头条新闻报道了“老可乐”归来的喜讯，民主党参议员大卫·普赖尔还发表演讲，称：“这是美国历史上一个非常有意义的时刻，它表明有些民族精神是不可更改的。”华尔街也为可口可乐公司的决定欢欣鼓舞，“老可乐”的归来使可口可乐公司的股价攀升到 12 年来的最高点。

可口可乐的改革不能说不谨慎。因为在新配方推出之前，戈伊朱埃塔的决策错误在于没有觉察到民众们对老可乐的深厚感情。很多时候，感情是促使人们做出许多决定的主导因素。

人们在拟定计划时，总是难于完全掌握住未来的情况，在执行决策计划的过程中遇有某些意外情况是在所难免的事。因此，为保证决策计划能最大限度地得到实现，人们需要及时了解各种信息，随时准备对执行过程中的意外情况迅速作出反应，进而采取相应的补救措施。

专家指点

一个决策出现错误是在所难免的，哪怕是一项小的决策，也会涉及诸多相关因素。问题的关键是如果错误出现了，决策者不能无动于衷，而应及时采取有效措施进行补救。否则，如果继续坚持原有的错误决策不变，那么就会给公司带来意想不到的损失，甚至是毁灭性的打击。

预见执行需要包容的智慧

包容是谦逊、虚怀若谷的品德。世上的人们性格不同，个性各异，对事物的见解也是仁者见仁，智者见智。古之圣贤充分尊重他人的见解，遇事为他人着想，从善如流，为后人做出了楷模。如西周时周公辅佐成王，励精图治，思贤若渴，前来投奔的人非常多。他有时候洗一次头，几次握着散开的头发去见客；吃一顿饭，也数次吐出含在嘴里的食物去接待客人。即使这样，犹恐怠慢、埋没了来投奔的贤士。周公以“握发吐哺”的精神使天下人心所向，四夷宾服。周公告诫自己的儿子伯禽说：“圣上让你治理鲁国，你一定要谨守谦恭啊！要知道天的道理，不论什么，凡是骄傲自满的，就要使他亏损，而谦虚的就让他得到益处。地的道理，不论什么，凡是骄傲自满的，也要使他改变，不能让他永远满足；而谦虚的则要使他滋润不枯，就像低的地方，流水经过，必定会充满了他的缺陷；而人的道理，都是厌恶骄傲自满的人，而喜欢谦虚的人啊！”

包容是宽恕待人。包容他人曾经的过失是允许别人有过错，但并非不辨是非，而是“知常明”和“上善若水”，是促其改过自新的最大鼓励。如战国时赵国的蔺相如对廉颇的包容成就了“将相和”的佳话：廉颇恃功对于封爵在自己之上的蔺相如很不服气，而蔺相如对廉颇的羞辱退让再三，是因为他以国家利益为重而不计较个人得失。蔺相如对自己左右的人说：“我想过，强大的秦国不敢来侵犯赵国，就因为有我和廉将军两人在。要是我们两人不和，秦国知道了，就会趁机来侵犯赵国，这将影响到国家的安危。”廉颇知道后很惭愧，便负荆向蔺相如赔罪说："我是个粗人，气量狭窄，不料您宽容我到这样的地步啊!"蔺相如连忙扶起他说："不敢当啊！咱们两人都是国家重臣，一起为国家出力，老将军能体谅我就足够了，怎么还来给我赔礼呢?"两个人从此成为莫逆之交，秦国因此不敢窥视赵国。

包容是以德感化他人，体现出一种关怀体谅，是以严律己和以宽待人。如明朝时的杨翥，平日持身谨慎，有一天晚上做梦，梦到自己在一个园林之中游览，顺手就摘下了树上的两颗李子来吃。醒了之后，他就痛责自己说："这是因为我平时对于义和利认识不够清楚的缘故，才会在梦中梦到了偷吃人家园子里种的李子啊!"他从此更加严格修身。有一次他家宅院的地基被一位邻居占去三尺，家人为此与对方发生争执，并希望杨翥出面干预，而杨翥一笑了之，并提笔写诗作答："余地无多莫较量，一条分成两家墙，普天之下皆王土，再让三尺又何妨。"杨翥的礼让、谦和的气度，感化了邻居，非但不再争执，反而主动多让三尺，形成一条六尺宽的胡同，"六尺巷"的故事也一直流传至今。

包容是善的力量，它能拉近人与人之间的距离，改善彼此间的关系。古语说"厚德载物"，因德是无私的、最可信赖的，是万物皆可亲可近的媒介，这种德越淳厚，就越有承载性和包容性。

专家指点

包容是我们中华民族的传统美德，是一种无私的气度和博大的胸怀，是一种智慧和境界，这种境界源自于人的道德修养，来自于人的内心"善良、慈悲、仁爱"的自然流露。